平成29年版

小学校
新学習指導要領
の展開

宮﨑英憲 監修
山中ともえ 編著

特別支援教育 編

明治図書

小学校各教科等の授業時数

区分		第1学年	第2学年	第3学年	第4学年	第5学年	第6学年
各教科の授業時数	国語	306	315	245	245	175	175
	社会			70	90	100	105
	算数	136	175	175	175	175	175
	理科			90	105	105	105
	生活	102	105				
	音楽	68	70	60	60	50	50
	図画工作	68	70	60	60	50	50
	家庭					60	55
	体育	102	105	105	105	90	90
	外国語					70	70
特別の教科である道徳の授業時数		34	35	35	35	35	35
外国語活動の授業時数				35	35		
総合的な学習の時間の授業時数				70	70	70	70
特別活動の授業時数		34	35	35	35	35	35
総授業時数		850	910	980	1015	1015	1015

注1 この表の授業時数の1単位時間は，45分とする。
 2 特別活動の授業時数は，小学校学習指導要領で定める学級活動（学校給食に係るものを除く。）に充てるものとする。

監修のことば

　2017年3月末に幼稚園教育要領，小・中学校学習指導要領，同年4月末には特別支援学校学習指導要領の改訂がなされた。また，改訂された小・中学校学習指導要領解説は6月に出された。改訂の動きに合わせて，総則を中心にして多くの解説書が出されている。学習指導要領の枠組みが従来のそれとは大きく変化したことにも由来していると思われる。更に，特別支援教育に関しての今回の学習指導要領改訂では極めて大きな変革を伴う改訂が行われている。

　障害者の権利に関する条約に掲げられたインクルーシブ教育システムの構築を目指し，児童生徒の自立と社会参加を一層推進していくためには，通常の学級，通級による指導，特別支援学級，特別支援学校において，児童生徒の十分な学びを確保し，一人一人の児童生徒の障害の状態や発達の段階に応じた指導や支援を一層充実させていく必要が認識されたことが挙げられる。通常の学級においても，発達障害を含む障害のある児童生徒が在籍している可能性があることを前提に，全ての教科等において，一人一人の教育的ニーズに応じたきめ細かな指導や支援ができるよう，障害種別の指導の工夫のみならず，各教科等の学びの過程において考えられる困難さに対する指導の工夫の意図，手立てを明確にすることが重要であるとして各教科の指導についての記述が加わった。

　したがって，本書は，特別支援教育という視点から学習指導要領を読み解くことに意を用いた。各学校が学習指導要領改訂の意図をしっかりと認識し，教育実践に生かしていくことが求められると思われる。本書がその一助となると望外の喜びである。

　平成30年3月

宮﨑　英憲

はじめに

　特殊教育から特別支援教育に転換されて10年が経過し，特別支援教育の体制整備が進む中，特別支援教育を受ける児童生徒は年々増加している。特別支援学校や特別支援学級，通級による指導は多様な学びの場として大きく期待されているのである。今回の学習指導要領の改訂は，障害者の権利に関する条約を我が国が批准してから，初めての改訂であり，この条約に掲げられている共生社会に向けた理念が盛り込まれている。

　小・中学校の新学習指導要領では特別支援学級や通級による指導の教育課程編成についての記述が詳細になるとともに，全ての教科等別に障害等に応じた指導上の工夫が記述されるなど全ての教職員が特別支援教育の目的や意義について十分に理解することが不可欠である。また，特別支援学校小学部・中学部の新学習指導要領では，小学校・中学校との連続性が考慮された改訂となっている。

【社会に開かれた教育課程】

　今回の改訂では，「社会に開かれた教育課程」が一つのポイントである。10年後を予測することが難しいと言われる変化の激しい時代の中で，今の子供たちが難しい課題に挑戦していくために必要な資質・能力が改めて問い直されている。社会のグローバル化やAIに代表される技術革新等，我が国が直面している多くの課題があり，よりよい社会を創るという理念を学校と社会が共有し，互いが連携，協働して実現を図っていく必要がある。

　特別支援教育についても，総則に「児童の発達の支援」「生徒の発達の支援」として項が興されていることを受け，社会に開かれた特別支援教育を目指し，学校だけではなく地域や社会と連携し，全教職員で取り組みたい。

【カリキュラム・マネジメント】

　学校教育の改善・充実の好循環を生み出すために，教育課程に基づき組織的・計画的に教育活動の質の向上を図っていくことが，カリキュラム・マネジメントである。新学習指導要領では，カリキュラム・マネジメントについ

て，①教科横断的な視点，②PDCAサイクルの確立，③人的・物的な外部資源の活用の三つの側面が盛り込まれている。特別支援教育にどのように取り組んでいくか，各学校でPDCAサイクルに基づきながら実践が行われているが，改めて，カリキュラム・マネジメントという視点で，学校の全教職員がその必要性を理解し，取り組んでいきたい。

【特別支援学級や通級による指導の学校全体の中での位置付け】

　特別支援学級は小・中学校の中にある学級の一つであるが，特別支援学級に在籍する児童生徒に対しては，障害の状態に応じた特別の教育課程を編成することができる。また，通級による指導も，指導を受ける児童生徒一人一人に応じた特別の教育課程を編成することができる。管理職と担当する教員が特別の教育課程を十分に理解した上で，児童生徒の状態を適切に把握し作成した個別の教育支援計画や個別の指導計画に基づき，前年度との連続性や次年度への継続性等も考慮した教育課程を編成したい。更に，共生社会の形成に向けたインクルーシブ教育システムの構築を目指すためには，交流及び共同学習をより充実させることが重要である。学校全体の教職員や児童生徒に対する障害者理解教育をすすめるとともに，通常の学級の児童生徒と学習する際の合理的配慮を工夫したい。

　今回の改訂の趣旨をよく理解した上で，児童生徒一人一人の発達を支援する特別支援教育がなお一層充実されることを期待する。

平成30年3月

山中ともえ

＊本書の引用部分は，特に指定がなければ，『小学校学習指導要領』（平成29年3月）『小学校学習指導要領解説』（平成29年7月）『特別支援学校小学部・中学部学習指導要領』（平成29年4月）『中央教育審議会答申』（平成28年12月）のいずれかからの引用になる。

監修のことば

はじめに

序章 特別支援教育改訂のキーポイント

1 改訂の経緯 ………………………………………………………………… 10
2 インクルーシブ教育に向けての改訂の基本方針 ………………… 12
3 改訂のポイント解説 …………………………………………………… 14

1章 「総則」における特別支援教育

1 指導内容や指導方法の工夫 …………………………………………… 18
2 特別支援学級の教育課程：
   学習上又は生活上の困難を克服し自立を図る指導 ……………… 20
3 特別支援学級の教育課程：
   各教科等の指導 ………………………………………………………… 22
4 通級による指導の教育課程：
   特別支援学校・自立活動を参考にした指導 ……………………… 24
5 通級による指導の教育課程：
   各教科等と通級による指導の関連 ………………………………… 26
6 指導と支援の計画づくり：
   個別の教育支援計画の作成と活用 ………………………………… 28
7 指導と支援の計画づくり：
   個別の指導計画の作成と活用 ……………………………………… 30
8 海外から帰国した児童への指導 …………………………………… 32
9 不登校児童への配慮 …………………………………………………… 34

2章 「各教科」等における特別支援教育

1 各教科等における障害のある児童への配慮 36
2 国語 38
3 社会 40
4 算数 42
5 理科 44
6 生活 46
7 音楽 48
8 図画工作 50
9 家庭 52
10 体育 54
11 外国語・外国語活動 56
12 特別の教科　道徳 58
13 総合的な学習の時間 60
14 特別活動 62

3章 「特別支援学校学習指導要領」の概説

1 特別支援学校学習指導要領の概要 64

特別支援学校　自立活動

2 区分(1)　健康の保持 66
3 区分(2)　心理的な安定 68
4 区分(3)　人間関係の形成 70
5 区分(4)　環境の把握 72
6 区分(5)　身体の動き 74

7 区分(6) コミュニケーション ……………………………………………………… 76

知的障害特別支援学校　各教科等

8 生活 ……………………………………………………………………………… 78
9 国語 ……………………………………………………………………………… 80
10 算数 …………………………………………………………………………… 82
11 音楽 …………………………………………………………………………… 84
12 図画工作 ……………………………………………………………………… 86
13 体育 …………………………………………………………………………… 88
14 外国語活動 …………………………………………………………………… 90

4章 これから求められる特別支援教育の実践

通常の学級

1 音読のつまずきから学習意欲が
低下している子への指導 ……………………………………………………… 92
2 一斉指導では，指示が
理解しにくい子への指導 ……………………………………………………… 96
3 様々な生活場面における困り感が
ある子への指導 ……………………………………………………………… 100

特別支援学級

4 学習上又は生活上の困難を克服し自立を図る指導 ……………………… 104
5 各教科の指導 ………………………………………………………………… 108

通級による指導

| 6 | 自立活動を参考にした指導 | 112 |
| 7 | 各教科等と通級による指導の連携した指導 | 116 |

指導と支援の計画づくり

8	通常の学級：個別の教育支援計画の作成と活用	120
9	通常の学級：個別の指導計画の作成と活用	124
10	特別支援学級：個別の教育支援計画の作成と活用	128
11	特別支援学級：個別の指導計画の作成と活用	132

付録1　小学校学習指導要領　第1章　総則（抜粋）
付録2　特別支援学校小学部・中学部学習指導要領　第2章　小学部（抜粋）
付録3　特別支援学校小学部・中学部学習指導要領　第7章　自立活動
執筆者紹介

序章 特別支援教育改訂のキーポイント

1 改訂の経緯

1 - 学習指導要領改訂に向けた諮問

　平成26年11月20日，中央教育審議会（第95回）において，文部科学大臣より「初等中等教育における教育課程の基準等の在り方について」と題した「諮問の理由及び問題意識」と「審議の柱と具体的な審議の内容」からなる理由を添えた学習指導要領改訂に向けた諮問がされた。

　審議の柱と具体的な審議内容に関して，①教育目標・内容と学習・指導方法，学習評価の在り方を一体として捉えた，新しい時代にふさわしい学習指導要領等の基本的な考え方，②育成すべき資質・能力を踏まえた，新たな教科・科目等の在り方や，既存の教科・科目等の目標・内容の見直し，③学習指導要領等の理念を実現するための，各学校におけるカリキュラム・マネジメントや，学習・指導方法及び評価方法の改善を支援する方策の3点が挙げられている。②に関する具体的審議内容では，「障害者の権利に関する条約に掲げられたインクルーシブ教育システムの理念を踏まえ，全ての学校において，発達障害を含めた障害のある子供たちに対する特別支援教育を着実に進めていくためには，どのような見直しが必要か。その際，特別支援学校については，小・中・高等学校等に準じた改善を図るとともに，自立と社会参加を一層推進する観点から，自立活動の充実や知的障害のある児童生徒のための各教科の改善などについて，どのように考えるべきか。」との言及がなされている。特別支援教育を巡る検討課題の本質が諮問されたといえるだろう。

2 — 学習指導要領改訂の経緯

　学習指導要領改訂に関しての審議は，中教審教育課程企画特別部会が設置され，平成27年1月29日から開始されている。その後，精力的な審議を重ね，平成27年8月26日には「論点整理」という形で新しい学習指導要領が目指す姿等が示された。もっとも，この審議には国立教育政策研究所等で早い段階から諸外国の動向等も踏まえた基礎的研究が生かされていることは周知の事実である。平成28年8月26日に中教審教育課程部会が300頁を超える「次期学習指導要領等に向けたこれまでの審議のまとめ」を公表した。

　諮問で提起された特別支援教育を巡る課題の検討は「論点整理」を受けて特別支援教育特別部会で行われた。平成27年11月6日（第1回）を皮切りに平成28年5月30日（第9回）まで審議された。審議では，特別支援教育の意義とインクルーシブ教育システムを巡る動向についての議論を踏まえ，幼稚園，小・中学校，高等学校における特別支援教育についても言及し，それぞれ学校種での改善・充実の方向性についての検討が加えられた。この部会のとりまとめは，中教審教育課程部会「次期学習指導要領等に向けたこれまでの審議のまとめ」に反映されている。その後，平成28年12月21日中央教育審議会「幼稚園，小学校，中学校，高等学校及び特別支援学校の学習指導要領等の改善及び必要な方策等について（答申）」として，公表された。

　答申は，「第1部　学習指導要領等改訂の基本的な方向性」と「第2部　各学校段階，各教科等における改訂の具体的な方向性」から構成されている。第1部は10章構成である。具体的には，①これまでの学習指導要領等改訂の経緯と子供たちの現状。②2030年の社会と子供たちの未来。③子供たちに求められる資質・能力と教育課程の課題。④学習指導要領等の枠組みの改善と「社会に開かれた教育課程」などの視点から，横断的・重層的な示し方がされている。また，第2部は2章構成となっている。第1章は，各学校段階の教育課程の基本的な枠組みと，学校段階間の接続，第2章は，各教科・科目等の内容の見直しが扱われている。

（宮﨑　英憲）

2 インクルーシブ教育に向けての改訂の基本方針

　中央教育審議会「答申」（平成28年12月21日）の特別支援教育に係る審議等を踏まえた記述は，これまでのような扱いとは異なり，様々に横断的・重層的な取り扱いとなっているが，特に，第１部「第８章　子供一人一人の発達をどのように支援するか」の中で「５　教育課程全体を通じたインクルーシブ教育システムの構築を目指す特別支援教育」と第２部「第１章　各学校段階の教育課程の基本的な枠組みと，学校段階間の接続」の中で色濃く扱われていることが読み取れる。

　答申で示された「教育課程全体を通じたインクルーシブ教育システムの構築を目指す特別支援教育」では，まず「障害者の権利に関する条約に掲げられたインクルーシブ教育システムの構築を目指し，子供たちの自立と社会参加を一層推進していくためには，通常の学級，通級による指導，特別支援学級，特別支援学校において，子供たちの十分な学びを確保し，一人一人の子供の障害の状態や発達の段階に応じた指導や支援を一層充実させていく必要がある。」とした後，「その際，小・中学校と特別支援学校との間での柔軟な転学や，中学校から特別支援学校高等部への進学などの可能性も含め，教育課程の連続性を十分に考慮し，子供の障害の状態や発達の段階に応じた組織的・継続的な指導や支援を可能としていくことが必要である。」とし，そのための方策として次のように整理されている。

1 ― 特別支援教育に関する教育課程の枠組み

　特別支援教育に関する教育課程の枠組みを，全ての教職員が理解できるよう，通級による指導や特別支援学級における教育課程編成の基本的な考え方

を分かりやすく示していくことが求められる。また，幼・小・中・高等学校の通常の学級においても，発達障害を含む障害のある子供が在籍している可能性があることを前提に，全ての教科等において指導の工夫の意図，手立ての例を具体的に示していくことが必要である。

2 ― 「個別の教育支援計画」と「個別の指導計画」の作成

　通級による指導を受ける児童生徒及び特別支援学級に在籍する児童生徒については，「個別の教育支援計画」や「個別の指導計画」を全員作成することが適当である。平成30年度から制度化される高等学校における通級による指導については，制度の実施にあたり必要な事項を示すことと併せて，円滑に準備が進められるような実践例の紹介等が求められる。

3 ― 障害者理解と交流及び共同学習

　障害者理解と交流及び共同学習については，グローバル化など社会の急激な変化の中で，多様な人々が共に生きる社会の実現を目指し，一人一人が，多様性を尊重し，協働して生活していくことができるよう，各教科等の特質に応じた「見方・考え方」と関連付けながら，学校の教育活動全体での一層の推進を図ることが求められる。更に，学校の教育課程上としての学習活動にとどまらず，地域社会との交流の中で，障害のある子供たちが地域社会の構成員であることをお互いが学ぶという，地域社会の中での交流及び共同学習の推進を図る必要がある。その際，2020年東京オリンピック・パラリンピック競技大会を契機とする「心のバリアフリー」の推進の動向も踏まえ，全ての人が，障害等の有無にかかわらず，多様性を尊重する態度を育成できるようにすることが求められる。

　上記のような方向性を踏まえ，教育課程全体を通じた特別支援教育の充実を図るため，通常の学級（幼稚園等，小・中・高等学校），特別支援学級（小・中学校），通級による指導（小・中・高等学校）に分けて，具体的な取組の方向性が記述された。

（宮﨑　英憲）

3 改訂のポイント解説

　特別支援教育の充実を図るための取組の方向性について，前述のように，通常の学級，特別支援学級，通級による指導に分けて示されたことに留意する必要がある。これは，「障害者の権利に関する条約に掲げられたインクルーシブ教育システムの構築を目指し，子供たちの自立と社会参加を一層推進していくためには，通常の学級，通級による指導，特別支援学級，特別支援学校において，子供たちの十分な学びを確保し，一人一人の子供の障害の状態や発達の段階に応じた指導や支援を一層充実させていく必要がある。」との考え方に基づくものといえる。

1 – 通常の学級（幼稚園等，小・中・高等学校）

○小学校等の通常の学級においても，発達障害を含む障害のある児童生徒が在籍している可能性があることを前提に，全ての教科等の授業において，資質・能力の育成を目指し，一人一人の教育的ニーズに応じたきめ細かな指導や支援ができるよう，障害種別の指導や支援の工夫のみならず，各教科等の学びの過程において考えられる困難さに対する指導の工夫の意図，手立ての例を具体的に示すことが必要である。同様に，幼稚園等においても，日々の幼稚園等の活動の中で考えられる困難さに対する指導や支援の工夫の意図，手立ての例を具体的に示す。

2 – 特別支援学級（小・中学校）

○小・中学校における特別支援学級については，小・中学校の通常の学級，特別支援学校（小・中学部）の教育課程との連続性を確保しつつ，小・中

学校の特別支援学級に在籍する児童生徒の障害の状態等を踏まえて教育課程を編成する必要がある。
○このため、小・中学校の各学習指導要領において、特別支援学級における教育課程編成の基本的な考え方や、各教科の各学年の目標・内容の一部又は全部を当該学年の前各学年のものに替える場合及び知的障害のある児童生徒のための各教科に替える場合等の留意点などを具体的に示すことが必要である。

3 通級による指導（小・中・高等学校）

○小・中・高等学校における通級による指導について、その意義、教育課程の編成の基本的な考え方、児童生徒の実態把握から指導目標や指導内容の設定、評価・改善までの手続等について具体的に示す。
○通級による指導の目標・内容について、障害による学習上又は生活上の困難を主体的に改善・克服するための指導であることをより明確にするとともに、通級による指導と各教科等の授業における指導との連携が図られるよう、通級による指導と各教科等の指導との関係性を分かりやすく示す。
○高等学校における通級による指導の平成30年度からの制度化に当たり、その単位認定の在り方については、生徒が高等学校の定める「個別の指導計画」に従って履修し、その成果が個別に設定された目標からみて満足できると認められる場合には、当該高等学校の単位を習得したことを認定しなければならないものとする。
○生徒が通級による指導を2以上の年次にわたって履修したときは、各年次ごとに当該特別の指導について履修した単位を修得したことを認定することを原則とするが、年度途中から開始される場合など、特定の年度における授業時数が、1単位として計算する標準の単位時間（35単位時間）に満たなくとも、次年度以降に通級による指導の時間を設定し、2以上の年次にわたる授業時数を合算して単位の認定を行うことも可能とする。また、単位の修得の認定を学期の区分ごとに行うことも可能とする。

○高等学校及びその設置者が，高等学校における通級による指導の実施に向けて円滑に準備が進められるよう，校内体制及び関係機関との連携体制，各教科等の指導や支援を行う教員との連携の在り方，通級による指導に関する指導内容や指導方法などの実践例を紹介することが必要である。

4- 個別の教育支援計画，個別の指導計画の作成・活用

○現在，特別支援学校に在籍する子供たちについて作成することとされている個別の教育支援計画や個別の指導計画は，障害のある子供一人一人に対するきめ細かな指導や支援を組織的・継続的に行うために重要な役割を担っており，その意義や位置付けをより明確にする必要がある。

○通級による指導を受ける子供たち及び特別支援学級に在籍する子供たちについては，一人一人の教育的ニーズに応じた指導や支援が組織的・継続的に行われるよう，全員について個別の教育支援計画や個別の指導計画を作成することとすることが適当である。その際，必要に応じて，保護者や関係機関，教職員の共通理解の下，それらの計画を作成・活用し，就学先や進学先まで活用できることが望ましい。

○また，通常の学級にも，発達障害の子供たちをはじめ，通級による指導を受けずに，障害のある子供たちが在籍している場合があり，障害に応じた指導方法の工夫や保護者や関係機関と連携した支援を行うために「個別の教育支援計画」や「個別の指導計画」が作成・活用されてきている。こうした計画を効果的に活用することにより，指導や支援が組織的・継続的に行われることが一層望まれる。

○幼稚園等，小・中・高等学校において作成される個別の教育支援計画や個別の指導計画の作成・活用の留意点（例えば，実態把握から評価・改善までのPDCAサイクルなど）を示すことが必要である。その際，障害を理由とする差別の解消の推進に関する法律に基づく合理的配慮やその他指導上の配慮との関係性についても記述することが必要である。

5 — 交流及び共同学習

○グローバル化など社会の急激な変化の中で，多様な人々が共に生きる社会の実現を目指し，一人一人が，多様性を尊重し，協働して生活していくことができるよう，学校の教育活動全体で，障害者理解や交流及び共同学習の一層の推進を図る。

○具体的には，例えば，
- 保健体育科における共生の視点に立った関わり方
- 生活科における身近な人々との接し方
- 音楽科，図画工作科，美術科や芸術科における感じ方や表現の相違や共通性，よさなどの気付きを通した自己理解や他者理解
- 道徳科における正義，公正，差別や偏見のない社会の実現
- 特別活動におけるよりよい集団生活や社会の形成

など，各教科等の見方・考え方と関連付けた，交流及び共同学習の事例を示す。

6 — 特別支援教育の支援体制

○学校全体として特別支援教育に取り組む体制を整備し，組織として十分に機能させるよう，特別支援教育コーディネーターを中心とする校内体制等の在り方について具体的に示す必要がある。

以上の観点に基づき，学習指導要領解説が整理された。

（宮﨑　英憲）

1章 「総則」における特別支援教育

1 指導内容や指導方法の工夫

> ア　障害のある児童などについては、特別支援学校等の助言又は援助を活用しつつ、個々の児童の障害の状態等に応じた指導内容や指導方法の工夫を組織的かつ計画的に行うものとする。

1− 総則「障害のある児童などへの指導」

　現行の学習指導要領の総則との共通点は、次の2点である。
①「特別支援学校等の助言又は援助を活用」すること。
　各学校で児童の障害の状態等に応じた指導を充実させるために、特別支援学校等に専門的な助言や援助を要請すること。
②「個々の児童の障害の状態等に応じた指導内容や指導方法の工夫を組織的かつ計画的に行う」こと。
　個々の教育的ニーズに応じた指導目標を定め、その上で指導内容、指導方法を定め、工夫するとしている。その際、校内での特別支援教育の推進体制を整えた上で、担任も含む全ての教師間において、個々の児童に対する配慮等を共通理解するとともに、教員間で連携して指導計画を作成することから、組織的かつ計画的に実施するとしている。「計画的、組織的」と表記している現行と比較すると、今回の改訂が学校組織を重視していることが分かる。

2− 解説の総則編「児童の障害の状態等に応じた指導の工夫」

　解説では、学校教育法に規定された特別支援教育の基本的な考え方「幼稚園、小学校、中学校、高等学校等において、障害のある児童等に対し、障害による学習上又は生活上の困難を克服するための教育を行うこと」が記され

るとともに、「障害者の権利に関する条約」の教育理念にも触れ、法令上等での特別支援教育の位置付けが改めて示された。そのことを踏まえ、全ての通常の学級に教育上特別な配慮を必要とする児童が在籍している可能性があることを前提に、全教職員が特別支援教育の目的や意義について理解することが不可欠である。障害種の例示においても、視覚障害等に加え、新たに「学習面又は行動面において困難のある児童で発達障害の可能性のある者」も加えられている。指導に関しては次の5点に留意することが記された。

①個々の障害の状態等を的確に把握した上で「困難さ」に対する「指導上の工夫の意図」を理解し、様々な「手立て」を検討し指導に当たること。
　弱視、難聴・言語障害、肢体不自由、病弱・身体虚弱、LD、ADHD等の児童について特別な配慮の具体例が紹介されている。

②全ての教師が障害に関する知識や配慮等についての正しい理解と認識を深め、障害のある児童等に対する組織的な対応ができるようにすること。
　参考資料として学習指導要領解説の各教科等に示された困難さに応じた手立て例や文部科学省作成「教育支援資料」が紹介された。

③個々の児童の障害の状態等に応じた指導内容や指導方法の工夫を検討し、適切な指導を行うこと。
　障害の種類や程度によって一律に指導内容や指導方法を決めずに、個々の児童の障害の状態等に応じて適切な指導を行うことの大切さが記された。

④特別支援教育実施の責任者としての校長の役割の明確化
　校長の職務として、改めて校内委員会の設置、特別支援教育コーディネーターの校務分掌への明確な位置付けをして、学校全体の特別支援教育の体制を充実させ、効果的な学校運営に努めることが記された。

⑤担任を含む全ての教師間で連携して個々の児童を共通理解すること
　集団指導では、他の児童に特別な支援の必要性の理解を進め、互いの特徴を認め合い支え合う温かい人間関係づくりに努めることも強調されている。

(喜多　好一)

2 特別支援学級の教育課程：学習上又は生活上の困難を克服し自立を図る指導

> イ 特別支援学級において実施する特別の教育課程については，次のとおり編成するものとする。
>
> (ア) 障害による学習上又は生活上の困難を克服し自立を図るため，特別支援学校小学部・中学部学習指導要領第7章に示す自立活動を取り入れること。

1 - 総則「障害のある児童などへの指導」

特別支援学級の教育課程編成は，学校教育法に特別の教育課程によることができると規定されている。

今回の総則には，新たに特別支援学級の教育課程編成の基本的な考え方が明記され，その内容として「自立活動」を取り入れることが記された。

2 - 解説の総則編「特別支援学級における特別の教育課程」

現行の解説の総則編には，特別支援学級における特別の教育課程を編成する場合には，学級の実態や児童の障害の程度等を考慮の上，特別支援学校小学部・中学部学習指導要領を参考とし，実情に合った編成にする必要があるとしている。その参考例として，障害による学習上又は生活上の困難の改善・克服を目的とした指導領域である「自立活動」を取り入れることや各教科の目標を下学年の教科の目標や内容に替えること，知的障害者である児童に対する教育を行う特別支援学校の各教科に替えることが記されている。

今回の改訂では，これまで解説に記されていた「自立活動」が総則の本文の中に，特別支援学級において実施する特別な教育課程の編成に取り入れる

こととして記された。

総則の解説編には,「自立活動」を扱う際の留意点として,次の3点を挙げている。

①自立活動の6区分27項目の内容の取扱い

個々の児童の障害の状態等の的確な把握に基づき,必要な項目を選定して取り扱うこと。

②自立活動の指導目標,指導内容を踏まえた個別の指導計画を作成し,それに基づいて指導を展開すること

個別の指導計画の作成の手順や様式は,それぞれの学校が児童の障害の状態,発達や経験の程度,興味・関心,生活や学習環境などの実態を的確に把握し,自立活動の指導の効果が最もあがるように考えること。

③個別の指導計画の作成手順

個別の指導計画の作成について次のような手順を示している。

> a 個々の児童の実態を的確に把握する。
> b 実態把握に基づいて得られた指導すべき課題や課題相互の関連を整理する。
> c 個々の実態に即した指導目標を設定する。
> d 特別支援学校学習指導要領小学部・中学部学習指導要領第7章第2の内容から,個々の児童の指導目標を達成させるために必要な項目を選定する。
> e 選定した項目を相互に関連付けて具体的な指導内容を設定する。

自立活動における個別の指導計画の作成について更に理解を促すために,「特別支援学校学習指導要領解説 自立活動編」に記されている,発達障害を含む多様な障害に対する児童等の例を参照することが大切としている。

(喜多 好一)

3 特別支援学級の教育課程：各教科等の指導

> イ(イ) 児童の障害の程度や学級の実態等を考慮の上，各教科の目標や内容を下学年の教科の目標や内容に替えたり，各教科を，知的障害者である児童に対する教育を行う特別支援学校の各教科に替えたりするなどして，実態に応じた教育課程を編成すること。

1 - 総則「障害のある児童などへの指導」

　現行の解説の総則編では，特別支援学級の特別の教育課程を編成する際は，「各教科の目標・内容を下学年の教科の目標・内容に替えたり，各教科を，知的障害者である児童に対する教育を行う特別支援学校の各教科に替えたりするなど」として，実情に合った教育課程を編成する必要があるとしている。改訂された総則においても同様の記載であるが，総則の本文に新設されて記載されている。

2 - 解説の総則編「特別支援学級における特別の教育課程」

　特別支援学級における特別の教育課程に関する規程を参考にする際の留意点としては，次の通りである。
○特別支援学級は小学校の学級の一部であり，学校教育法に定める小学校の目的及び目標を達成するものであること。
○特別支援学校の学習指導要領を参考にする場合は，選択した理由を保護者等に対して説明責任を果たすこと。
○指導の継続性を担保する観点から理由を明らかにすること。
　知的障害者である児童の実態に応じた各教科の目標を設定するための手続

きの例が，次のように具体的に示されている。

> a　小学校学習指導要領の第2章各教科に示されている目標及び内容について，次の手順で児童の習得状況や既習事項を確認する。
> ・当該学年の各教科の目標及び内容について
> ・当該学年より前の各学年の各教科の目標及び内容について
> b　aの学習が困難又は不可能な場合，特別支援学校小学部・中学部学習指導要領の第2章第2款第1に示されている知的障害者である児童を教育する特別支援学校小学部の各教科の目標及び内容についての取扱いを検討する。
> c　児童の習得状況や既習事項を踏まえ，小学校卒業までに育成を目指す資質・能力を検討し，在学期間に提供すべき教育内容を十分見極める。
> d　各教科の目標及び内容の系統性を踏まえ，教育課程を編成する。

　この手順にあるように，個々の児童の各教科等の習得状況をアセスメントした上で，適切な各教科の目標や内容を定めていくことになる。今回，新たな視点として，手続きの例cに示された小学校卒業までに育成すべき資質・能力を検討し教育内容を十分に見極めること，手続きの例dの各教科の目標及び内容の系統性を踏まえることが示された。

　育成すべき資質・能力，教科の系統性は今回の新学習指導要領で重要なキーワードであることからも，学びの連続性を担保するためにも十分に留意していきたい。

　現行と同様に，特別支援学級の教科書についても，いわゆる検定教科用図書を使用することが適当でない場合には，他の適切な教科用図書を使用することができると記された。

（喜多　好一）

4 通級による指導の教育課程：特別支援学校・自立活動を参考にした指導

> ウ　障害のある児童に対して，通級による指導を行い，特別の教育課程を編成する場合には，特別支援学校小学部・中学部学習指導要領第7章に示す自立活動の内容を参考とし，具体的な目標や内容を定め，指導を行うものとする。

1 ― 現行の解説総則編(第5節教育課程実施上の配慮事項　7障害のある児童の指導)

①特別の指導の場（通級指導教室）において障害に応じた特別の指導（自立活動，各教科の内容を補充するための指導）を行う。
②通級による指導の担当教師と他の教師と連携し，効果的な指導を行う。

2 ― 新学習指導要領の解説

　新学習指導要領の解説では，現行の学習指導要領の解説の「その他の教育課程編成の特例」に示されているよりも更に詳細な内容が示された。

①教育形態

　通常の学級に在籍している障害のある児童に対して，各教科等の大部分の授業を通常の学級で行いながら，一部の授業について当該児童の障害に応じた特別の指導を特別の指導の場（通級指導教室）で行う教育形態である。

②対象となる児童

　学校教育法施行規則第140条各号の一に該当する児童（特別支援学級の児童を除く）で，具体的には，言語障害者，自閉症者，情緒障害者，弱視者，難聴者，学習障害者，注意欠陥多動性障害者，肢体不自由者，病弱者及び身体虚弱者である。

③**特別の教育課程**

　通級による指導を行う場合には，学校教育法施行規則第50条第１項，第51条，第52条，第52条の３，第72条，第73条，第74条，第74条の３，第76条，第79条の５，第83条及び第84条並びに第107条までの規定にかかわらず，特別の教育課程によることができ，障害による特別の指導を，小学校の教育課程に加え，又は，その一部に替えることができる。

④**指導内容**
- 指導に当たっては，特別支援学校小学部・中学部学習指導要領第７章に示す自立活動の６区分27項目の内容を参考とする。
- 児童一人一人に，障害の状態や特性及び心身の発達の段階等の的確な把握に基づいた自立活動における個別の指導計画を作成する。
- 具体的な指導目標や指導内容を定め，それに基づいて指導を展開する必要がある。

3− 通級による指導の充実に向けて

①**担当する教員の基礎定数化について**

　公立義務教育諸学校の学級編制及び教職員定数の標準に関する法律の一部改正（平成29年３月）により，通級による指導を担当する教員が基礎定数化された。通級による指導の担当教師の配置を計画的に行えることから，今後，更に通級による指導の拡充が期待される。

②**自立活動の内容について**

　自立活動は，個々の児童が自立を目指し，障害による学習上又は生活上の困難を主体的に改善・克服するために必要な知識，技能，態度及び習慣を養い，もって心身の調和的発達の基盤を培うことを目的としている。示されている内容（健康の保持・心理的な安定・人間関係の形成・環境の把握・身体の動き・コミュニケーション）を参考にして，一人一人の障害の状態や発達の状態を的確に把握し，系統的・具体的な指導計画を作成する必要がある。

（山中ともえ）

5 通級による指導の教育課程：各教科等と通級による指導の関連

> ウ （中略）…その際，効果的な指導が行われるよう，各教科等と通級による指導との関連を図るなど，教師間の連携に努めるものとする。

1 ― 現行の解説総則編(第5節教育課程実施上の配慮事項　7障害のある児童の指導)

①対象者，教育課程の取扱い，授業時数の標準について示されている。
②他校で指導を受ける場合，学校間及び担当教師間の連携を密にする。

2 ― 新学習指導要領の解説

　新学習指導要領の解説では，次のことが示された。特に，現行の学習指導要領解説で，特別の指導として示されていた「各教科の内容を補充するための指導」について配慮したい。
①現行で規定されていた「障害の状態に応じた各教科の内容を補充するための特別の指導」について，単に教科の学習の遅れを取り戻すための指導として解釈されることのないよう留意する。
②通級による指導に係る授業時数の標準が示された。
③各教科等と通級による指導との関連を図り，学校間・教師間の連携を密にする。

3 ― 各教科の学習の遅れを取り戻す指導(教科の補充)ではないこと

　「学校教育法施行規則第140条の規定による特別の教育課程について定める件の一部を改正する告示」（平成28年文部科学省告示第176条）において，それまで「特に必要があるときは，障害の状態に応じて各教科の内容を補充す

るための特別の指導を含むものとする。」と規定されていた趣旨が，単に各教科の学習の遅れを取り戻すための指導など，通級による指導とは異なる目的で指導を行うことができると解釈されることのないよう「特に必要があるときは，障害の状態に応じて各教科の内容を取り扱いながら行うことができる」と改正された。通級による指導の内容について，各教科の内容を取り扱う場合であっても，障害による学習上又は生活上の困難の改善又は克服を目的とする指導であるとの位置付けが明確化された。

4 — 通級による指導に係る授業時数の標準

- 通級による指導に係る授業時数は，年間35単位時間から280単位時間までを標準とする。
- そのほか，学習障害者及び注意欠陥多動性障害者については，年間10単位時間から280単位時間までを標準とする。

5 — 通常の学級との連携

- 通常の学級の担任と通級による指導の担当教師とが随時，学習の進捗状況等について情報交換を行う。
- 通級による指導の効果が，通常の学級においても波及することを目指す。
- 児童が在籍校以外の学校で特別の指導を受ける場合，当該児童が在籍する小学校の校長は，他校で受けた指導を，特別の教育課程に係る授業とみなすことができる（学校教育法施行規則第141条）。
- 在籍する小学校の校長は，当該特別の指導を行う学校の校長と十分に協議し，教育課程を編成する。
- 在籍する小学校の校長は，当該特別の指導を行う学校の校長と定期的に情報交換を行う。
- 学校間及び担当教師間の連携を密に教育課程の編成，実施，評価，改善を行う。

（山中ともえ）

6 指導と支援の計画づくり：個別の教育支援計画の作成と活用

> エ　障害のある児童などについては，<u>家庭，地域及び医療や福祉，保健，労働等の業務を行う関係機関との連携を図り，長期的な視点で児童への教育的支援を行うために，個別の教育支援計画を作成し活用することに努める</u>とともに，各教科等の指導に当たって，個々の児童の実態を的確に把握し，個別の指導計画を作成し活用することに努めるものとする。特に，特別支援学級に在籍する児童や通級による指導を受ける児童については，個々の児童の実態を的確に把握し，<u>個別の教育支援計画や個別の指導計画を作成し，効果的に活用する</u>ものとする。

1− 総則「個別の教育支援計画や個別の指導計画の作成と活用」

　現行で総則では，「障害のある児童などについては，特別支援学校等の助言又は援助を活用しつつ，例えば指導についての計画又は家庭や医療，福祉等の業務を行う関係機関と連携した支援のための計画を個別に作成することなどにより，個々の児童の障害の状態等に応じた指導内容や指導方法の工夫を計画的，組織的に行うこと」「特に，特別支援学級又は通級による指導については，教師間の連携に努め，効果的な指導を行うこと」と記載されている。改訂でも総則の中にあるが変更点は次の通りである。
○「イ　特別支援学級において実施する特別の教育課程」の編成として記載された。
○「個別の教育支援計画」という名称が使用された。
○「個別の教育支援計画」については，関係機関に「地域，保健，労働」が新たに加えられたこと，「長期的な視点」で児童への「教育的」支援を行

うことが明記された。
○障害のある児童などに対して,教育的支援を行うために「個別の教育支援計画」を作成し活用することに努めること。
○特別支援学級に在籍する児童や通級による指導を受ける児童については,「個別の教育支援計画」を作成し,効果的に活用すること。

2- 個別の教育支援計画の作成

　改訂された解説の総則編には,個別の教育支援計画について,「教育,医療,福祉,労働等の関係機関が連携・協力を図り,障害のある児童の生涯にわたる継続的な支援体制を整え,それぞれの年代における児童の望ましい成長を促すために作成される個別の支援計画のうち,幼児児童生徒に対して,教育機関が中心となって作成するもの」と定義されている。
　作成及び活用に当たっての留意点として次の3点が記載されている。

①関係機関の取組を個別の指導計画に記す
　家庭や医療,福祉などの関係機関と連携するため,それぞれの側面からの取組を示して作成し,活用していくこと。

②就学前から進学先までの切れ目ない支援に生かす
　就学前に作成される個別の支援計画を引き継ぎ,適切な支援の目的や教育的支援の内容を設定したり,進路先に在学中の支援の目的や教育的支援の内容を伝えたりすること。

③個人情報の適切な管理
　個別の教育支援計画には,多くの関係者が関与することから,保護者の同意を事前に得るなど個人情報の適切な取扱いに十分留意すること。

(喜多　好一)

7 指導と支援の計画づくり：個別の指導計画の作成と活用

> エ　障害のある児童などについては，家庭，地域及び医療や福祉，保健，労働等の業務を行う関係機関との連携を図り，長期的な視点で児童への教育的支援を行うために，個別の教育支援計画を作成し活用することに努めるとともに，<u>各教科等の指導に当たって，個々の児童の実態を的確に把握し，個別の指導計画を作成し活用することに努めるもの</u>とする。特に，特別支援学級に在籍する児童や通級による指導を受ける児童については，個々の児童の実態を的確に把握し，個別の教育支援計画や個別の指導計画を作成し，効果的に活用するものとする。

1 ─ 総則編「個別の教育支援計画や個別の指導計画の作成と活用」

　改訂でも総則の中にあるが，変更点は次の通りである。
○「イ　特別支援学級において実施する特別の教育課程」の編成として記載された。
○「個別の指導計画」という名称が使用された。
○「個別の教育支援計画」については，関係機関に「地域，保健，労働」が新たに加えられた。
○障害のある児童などに対して，「個別の指導計画」を作成し，活用することに努めること。
○特別支援学級に在籍する児童や通級による指導を受ける児童については，「個別の指導計画」を作成し，効果的に活用すること。
　改訂では，特別支援学級に在籍する児童や通級による指導を受ける児童に対する2つの計画について，全員作成することとなった。また，通常の学級

においては障害のある児童などが在籍していることから，通級による指導を受けていない障害のある児童などの指導に当たっては，「個別の指導計画」を作成し，活用に努めることになった。

2 — 個別の指導計画を作成する際の留意点

　個別の指導計画は，個々の児童の実態に応じて適切な指導を行うために学校で作成されるものである。個別の指導計画は，教育課程を具体化し，障害のある児童など一人一人の指導目標，指導内容及び指導方法を明確にして，きめ細やかに指導するために作成するものである。

　教職員，保護者，関係機関と連携して作成する際の留意点として，次の3点が記されている。

①個別の指導計画の共通理解と評価

　各学校では，個別の指導計画を作成する目的や活用の仕方に違いがあることに留意し，計画の位置付けや作成の手続きなどを整理し，共通理解を図ることが必要であり，実施状況を適宜評価し改善を図っていくこと。

②個別の指導計画の作成・活用システムの校内での構築

　障害のある児童などの指導等を担任する教師や特別支援教育コーディネーターだけに任せるのではなく，全ての教師の理解と協力が必要であり，学校運営上の特別支援教育の位置付けを明確にし，学校組織の中で担任する教師が孤立することのないようにすること。

③学校全体の協力体制づくりの推進

　校長のリーダーシップのもと，全ての教師が個別の指導計画についての正しい理解と認識を深め，教師間の連携に努めていくこと。

（喜多　好一）

8 海外から帰国した児童への指導

> ア　海外から帰国した児童などについては，学校生活への適応を図るとともに，外国における生活経験を生かすなどの適切な指導を行うものとする。
> イ　日本語の習得に困難のある児童については，個々の児童の実態に応じた指導内容や指導方法の工夫を組織的かつ計画的に行うものとする。特に，通級による日本語指導については，教師間の連携に努め，指導についての計画を個別に作成することなどにより，効果的な指導に努めるものとする。

1　学校生活への適応等

　学校では帰国児童や外国人児童に加え，両親のいずれかが外国籍であるなどの児童が多くなっており，一人一人の実態は様々である。このため，学校生活への適応において配慮するよう，次のことが示された。

- 一人一人の実態を的確に把握し，当該児童が自信や誇りをもって学校生活において自己実現を図ることができるように配慮すること。
- 帰国児童や外国人児童等は貴重な生活経験をもっており，その経験や外国語の能力などの特性を，学習に生かすことができるよう配慮すること。
- 他の児童についても，帰国児童や外国人児童等と共に学ぶことを通じて，異文化を理解し共に生きていこうとする姿勢を育てるよう配慮すること。

2　日本語の習得に困難のある児童への通級による指導

(1)通級による指導

新学習指導要領では，現行に加え，新たに「通級による日本語指導」が示された。平成26年に学校教育法施行規則が改正され，日本語の習得に困難がある児童に対し，特別の教育課程を編成することが可能となった。

①**指導内容**
・学校生活に必要な日本語の能力を高めるための指導。
・日本語の能力に応じた各教科等の指導。

②**指導方法**
・通級による日本語指導は，学校教育法施行規則第56条の２に基づく。
・在籍学級以外の教室などにおいて，指導などを行う。
・担当教師同士が情報交換を行うなどの連携に努め，指導の充実を図る。
・通級による指導を担当する教師が中心となり，個々の児童の日本語の能力や学校生活への適応状況を含めた多面的な把握に基づき，個別の指導計画を通常の学級の担当教師等と連携して作成し，学習評価を行う。

(2)**通常の学級における支援**
・授業で使われている日本語や学習内容を認識できるようにするための支援。
・学習したことを構造化して理解・定着できるようにするための支援。
・理解したことを適切に表現できるようにするための支援。
・自ら学習を自律的に行うことができるようにするための支援。
・学習や生活に必要な心理的安定のための情意面の支援。
・通常の学級の担当教師には，児童の状況に応じた支援を行う。

(3)**その他の配慮**
・児童の不適応の問題が生じる場合もあるので，教師自身が理解しようとする姿勢を保ち，学級経営等において配慮する。
・外国人児童や外国につながる児童については，課外において当該国の言語や文化の学習の機会を設けることなどにも配慮する。
・担当教師同士や学校管理職など，学校全体で取り組む体制を構築する。
・日本語教育や母語によるコミュニケーションなどの専門性を有する学校外の専門人材の参加・協力を得る。　　　　　　　　　　　　（山中ともえ）

9　不登校児童への配慮

> ア　不登校児童については，保護者や関係機関と連携を図り，心理や福祉の専門家の助言又は援助を得ながら，社会的自立を目指す観点から，個々の児童の実態に応じた情報の提供その他の必要な支援を行うものとする。
> イ　相当の期間小学校を欠席し引き続き欠席すると認められる児童を対象として，文部科学大臣が認める特別の教育課程を編成する場合には，児童の実態に配慮した教育課程を編成するとともに，個別学習やグループ別学習など指導方法や指導体制の工夫改善に努めるものとする。

1 - 新たに加わった不登校児童への配慮

　「義務教育の段階における普通教育に相当する教育の機会の確保等に関する法律」が，平成28年12月に施行された。また，同法に基づき教育機会の確保等に関する施策を総合的に推進するために「義務教育の段階における普通教育に相当する教育の機会の確保等に関する基本指針」が文部科学省において策定された。新学習指導要領では，新たに不登校児童への配慮として示された。支援を行う際の留意点について解説では次のように記された。
①不登校は，取り巻く環境によっては，どの児童にも起こり得る。
②不登校とは，多様な要因・背景により，結果として不登校状態になっているものであり，その行為を「問題行動」と判断しない。
③不登校児童が悪いという根強い偏見を払拭し，学校・家庭・社会が不登校児童に寄り添い共感的理解と受容の姿勢をもつことが，児童の自己肯定感を高めるためにも重要である。

2 - 個々の児童の実態に応じた支援

①個々の状況に応じた必要な支援
・登校という結果のみを目標にするのではなく,児童が自らの進路を主体的に捉えて,社会的に自立することを目指す。
・家庭訪問も含めた継続的な把握が必要である。
・不登校児童の状況によっては休養が必要な場合があり,学校以外の多様で適切な学習活動を踏まえた支援も必要である。
・家庭で多くの時間を過ごしている不登校児童に対しては,必要な情報提供や助言,ICT等を通じた支援,家庭等への訪問による支援を行う。

②登校した場合の配慮
・温かい雰囲気で迎え入れられるよう配慮し,保健室,相談室や学校図書館等も活用しつつ,安心して学校生活を送ることができるよう支援する。

③組織的・計画的な支援
・学級担任だけではなく,教育相談担当教師や専門スタッフ等と連携・分担し,学校全体で支援を行う。
・福祉,医療及び民間の団体等の関係機関等と情報共有を行う。
・「児童理解・教育支援シート」等を作成することが望ましい。

3 - 不登校児童の実態に配慮した教育課程の編成

(1)特別の教育課程の編成
　相当の期間小学校を欠席し引き続き欠席すると認められる児童を対象として,その実態に配慮した特別の教育課程を編成する場合は,学校教育法施行規則第56条に基づき,文部科学大臣の指定が必要となる。

(2)指導方法や指導体制の工夫改善
①不登校児童に合わせた個別学習,グループ別学習,家庭訪問や保護者への支援等個々の児童の実態に即した支援。
②学校外の学習プログラムの積極的な活用。

（山中ともえ）

2章 「各教科」等における特別支援教育

1 各教科等における障害のある児童への配慮

1 – 各教科等の学習指導要領における,障害のある児童への配慮についての事項（障害のある児童への指導）の明記

　今回の小学校学習指導要領改訂では，新たに，小学校の各教科等の学習指導要領全てにおいて，障害のある児童への配慮についての事項（または，障害のある児童への指導）が次のように明記された。それは，「障害のある児童などについては，学習活動を行う場合に生じる困難さに応じた指導内容や指導方法の工夫を計画的，組織的に行うこと。」という規定である。

　小学校の各教科の学習指導要領解説には，「障害のある児童などの指導に当たっては，個々の児童によって，見えにくさ，聞こえにくさ，道具の操作の困難さ，移動上の制約，（中略）…注意の集中を持続することが苦手であることなど，学習活動を行う場合に生じる困難さが異なることに留意し，個々の児童の困難さに応じた指導内容や指導方法を工夫することを，各教科等において示している。」と記述されている。

2 – 障害の状態や発達の段階に応じた指導や支援の一層の充実

　解説に，この規定を設けた背景として，「障害者の権利に関する条約に掲げられたインクルーシブ教育システムの構築を目指し，児童の自立と社会参加を一層推進していく」ことを挙げている。

　そのためには，現在，障害のある児童が学ぶ，「通常の学級，通級による指導，特別支援学級，特別支援学校において，児童の十分な学びを確保し，一人一人の児童の障害の状態や発達の段階に応じた指導や支援を一層充実さ

せていく必要がある。」と記述されている。

3 障害種別の指導の工夫のみならず，各教科等の学びの過程において考えられる困難さに対する指導の工夫の意図，手立てを明確にすること

　解説では，「通常の学級においても，発達障害を含む障害のある児童が在籍している可能性があることを前提に，全ての教科等において，一人一人の教育的ニーズに応じたきめ細かな指導や支援ができるよう，障害種別の指導の工夫のみならず，各教科等の学びの過程において考えられる困難さに対する指導の工夫の意図，手立てを明確にすることが重要である。」と記述されている。このことは，障害のある児童の指導に対して，障害種別の指導の工夫の他に，例えば，その児童が，国語や算数等を学ぶ過程において想定される困難さをあらかじめ教師が考え，その困難さに対してどのように工夫した指導を行うのか，その意図や手立てを明らかにすることが重要であることを示している。

4 学習活動のねらいを踏まえ，学習内容の変更や学習活動の代替を安易に行うことがないよう留意すること

　解説では，「（各教科等の）目標や内容の趣旨，学習活動のねらいを踏まえ，学習内容の変更や学習活動の代替を安易に行うことがないよう留意するとともに，児童の学習負担や心理面にも配慮する必要がある。」と記述されている。

　各教科等の学習指導要領には，各教科等に応じた目標や内容の趣旨，学習活動のねらいが示されている。障害のある児童の指導においても，児童の学習負担や心理面に配慮しながら，学習指導要領に示されている各教科等の目標や内容の趣旨等を踏まえた指導を行い，安易に学習内容を変更したり，本来行うべき学習活動を別の活動に替えたりすることのないよう留意する必要がある。

（大崎　博史）

2 国語

1 − 目で追いながら音読することが困難な児童への配慮

　小学校学習指導要領解説国語編（以下，解説）には，「文章を目で追いながら音読することが困難な場合には，自分がどこを読むのかが分かるように教科書の文を指等で押さえながら読むよう促すこと，行間を空けるために拡大コピーをしたものを用意すること，語のまとまりや区切りが分かるように分かち書きされたものを用意すること，読む部分だけが見える自助具（スリット等）を活用することなどの配慮をする。」と記述されている。

　国語の教科書を読むときに，障害のある児童の中には，文章を目で追いながら音読することが難しかったり，語句を飛ばし読みをしたり，読むべき行を間違えて読んでしまったりする児童もいる。また，「学校やのはらやこうえんで」など，文章のどこで区切って読むのか分からない児童もいる。更に，文字が反転したり，文字を認識したりすることが難しい児童もいる。

　様々な見え方をしている児童がいることを教師が理解した上で，そのような児童に対して，どこを読むのかが分かるように，まずは教科書等の文章を自分の指等で押さえて読むとよいことを伝えるとよい。また，行間を空けるために拡大コピーをして，行間の区別がつくように配慮したり，分かち書きされたものを用意したり，読む部分だけ見えるスリット等を活用して，今読むべきところに注

読書用スリット

意を向けさせることも重要である。

2 – 他者の感情を理解するのが困難な児童への配慮

　解説には，「自分の立場以外の視点で考えたり他者の感情を理解したりするのが困難な場合には，児童の日常的な生活経験に関する例文を示し，行動や会話文に気持ちが込められていることに気付かせたり（…略）するなどの配慮をする。」と記述されている。

　例えば，『ごんぎつね』の題材では，「うら口からこっそりと」「足音をしのばせて」等の叙述について，どのようなときにこのような表現を使うのかを実際の生活の中の例を挙げて考えさせたり，その表現を使う場面等をイメージした動作や演技等をして，その行動にはどのような気持ちが込められているのかを児童に想像させてみることが重要である。また，兵十がどのような気持ちで「ごん，おまいだったのか，いつも，くりをくれたのは。」と言ったのか，他の児童とも意見を出し合い，気持ちの捉えの違いについて考えてみることが大切である。

3 – 声を出して発表することに困難がある児童や，人前で話すことへの不安を抱いている児童への配慮

　解説には「声を出して発表することに困難がある場合や，人前で話すことへの不安を抱いている場合には，紙やホワイトボードに書いたものを提示したり，ICT機器を活用して発表したりするなど，多様な表現方法が選択できるように工夫し，自分の考えを表すことに対する自信がもてるような配慮をする。」と記述されている。

　声を出して人前で話すことへ不安を抱いている児童には，発表について多様な表現方法が選択できるように準備することが大切である。例えば，模造紙やホワイトボードの活用，紙芝居やペープサートによる発表，電子黒板やタブレット端末の画像を提示しての発表など多様な表現方法がある。

(大崎　博史)

3 社会

1 資料から必要な情報を見つけ出したり，読み取ったりすることが困難な児童への配慮

　小学校学習指導要領解説社会編（以下，解説）では，「地図等の資料から必要な情報を見付け出したり，読み取ったりすることが困難な場合には，読み取りやすくするために，地図等の情報を拡大したり，見る範囲を限定したりして，掲載されている情報を精選し，視点を明確にするなどの配慮をする。」と記述されている。

　児童の中には，資料の中の文字が小さくて見えなかったり，見るところが拡散されたりして，どの部分を焦点化して見るとよいのかが分からない児童もいる。そのような場合には，地図等の情報を拡大したり，逆に見る範囲を限定したりする等して，児童が必要な情報を見つけ出したり，読み取ったりできるように配慮することが大切である。

2 社会的事象に興味・関心がもてない児童への配慮

　解説では，「社会的事象に興味・関心がもてない場合には，その社会的事象の意味を理解しやすくするため，社会の営みと身近な生活がつながっていることを実感できるよう，特別活動などとの関連付けなどを通して，具体的な体験や作業などを取り入れ，学習の順番を分かりやすく説明し，安心して学習できるよう配慮する」と記述されている。

　児童に，社会で起きている様々な事象を考えさせるためには，児童の日常生活と社会的事象とを結びつけるような題材の工夫が必要である。例えば，

コンビニやスーパーで売っている「ポテトチップス」の原材料のじゃがいもの生産地はどこか，どのようにポテトチップスが工場で作られているのか，いつ日本で作られるようになったのか，どのようにポテトチップスの値段が決まるのかなど，具体的な体験（工場見学など）や作業などを取り入れて考えていく等が考えられる。

　また，指導を展開するに当たっては，その題材をどのような順番で児童に学んでもらいたいかをあらかじめ考え，児童に対して学習の順番を分かりやすく説明し，児童に学習の見通しをもたせて安心して学習できるように配慮することが大切である。

3 学習問題に気付くことが難しい児童への配慮

　解説では，「学習問題に気付くことが難しい場合には，社会的事象を読み取りやすくするために，写真などの資料や発問を工夫すること，また，予想を立てることが困難な場合には，見通しがもてるようヒントになる事実をカード等に整理して示し，学習順序を考えられるようにすること，そして，情報収集や考察，まとめの場面において，考える際の視点が定まらない場合には，見本を示したワークシートを作成するなどの指導の工夫が考えられる。」と記述されている。

　この配慮は，社会科だけの配慮ではないが，特に社会的事象については，新聞記事やニュース等の映像を用いる等工夫することが大切である。また，学習問題に対して予想を立てることが困難な場合には，見通しがもてるようなヒントを提示したり，フローチャートなどを用いたり，ワークシートを用いたりして，まとめを整理するなどの配慮をすることが大切である。

（大崎　博史）

4 算数

1 ― 「商」「等しい」など，抽象度の高い言葉の理解が困難な児童への配慮

小学校学習指導要領解説算数編（以下，解説）では，「『商』『等しい』」など，児童が日常使用することが少なく，抽象度の高い言葉の理解が困難な場合には，児童が具体的にイメージをもつことができるよう，児童の興味・関心や生活経験に関連の深い題材を取り上げて，既習の言葉や分かる言葉に置き換えるなどの配慮をする。」と記述されている。

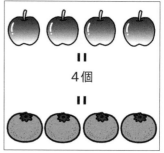

具体的イメージを

例えば，「等しい」などの抽象度の高い言葉については，実際にりんごやみかんなどの具体物を用いて，その言葉の意味を児童に説明することが大切である。また，難しい言葉については，今までに児童が習ってきた言葉や，児童の理解できる言葉に置き換えて説明することが大切である。

2 ― 文章を読み取り，数量の関係を式で表すことが難しい児童への配慮

解説によると「文章を読み取り，数量の関係を式を用いて表すことが難しい場合，児童が数量の関係をイメージできるように，児童の経験に基づいた場面や興味ある題材を取り上げたり，場面を具体物を用いて動作化させたり，解決に必要な情報に注目できるよう文章を一部分ごとに示したり，図式化したりすることなどの工夫を行う。」と記述されている。

文章問題では，文章の意味をイメージできなかったり，その文章からどの

ような解を求められているのかが分からなかったりする児童もいる。

　そこで，具体物等を使用して，その文章の意味や何を考える必要があるのかについて説明する必要がある。計算は得意でも，文章問題から数量の関係を式を用いて表すことが難しい児童もいる。文章と数量の関係を式で表すのが難しい場合は，児童に具体的なイメージをもたせて考えさせることが大切である。

3 ― 空間図形のもつ性質を理解することが難しい児童への配慮

　解説によると「空間図形のもつ性質を理解することが難しい場合，空間における直線や平面の位置関係をイメージできるように，立体模型で特徴のある部分を触らせるなどしながら，言葉でその特徴を説明したり，見取図や展開図と見比べて位置関係を把握したりするなどの工夫を行う。」と記述されている。例えば，児童が立方体や直方体の学習をするときに，辺や面，頂点などの構成要素やその個数について立体模型等を触って確認をしたり，平行や垂直などについても触って特徴を確認したり，見取図や展開図と合わせて位置関係を把握したりして，頭の中でイメージするだけでなく，実際に触って図形の特徴を考えていくことが大切である。

4 ― 目的に応じてデータをグラフに表すことが難しい児童への配慮

　解説によると「データを目的に応じてグラフに表すことが難しい場合，目的に応じたグラフの表し方があることを理解するために，同じデータについて折れ線グラフの縦軸の幅を変えたグラフに表したり，同じデータを棒グラフや折れ線グラフ，帯グラフなど違うグラフに表したりして見比べることを通して，よりよい表し方に気付くことができるようにする。」と記述されている。データを基に児童が様々なグラフを作成し，それらのグラフを見比べることにより，各グラフにはどのような特徴があるのかを考え，目的に応じたグラフを選択できるようにすることが大切である。

（大崎　博史）

5 理科

1 – 実験の手順や方法を理解することに困難がある児童への配慮

　小学校学習指導要領解説理科編（以下，解説）では，「実験を行う活動において，実験の手順や方法を理解することが困難であったり，見通しがもてなかったりして，学習活動に参加することが難しい場合には，学習の見通しがもてるよう，実験の目的を明示したり，実験の手順や方法を視覚的に表したプリント等を掲示したり，配付したりするなどの配慮が考えられる。」と記述されている。

　児童の中には，何の実験をするのか，どのような手順で実験するのかの見通しがもてず，実験に参加することが難しい児童もいる。そのような場合には，実験の目的や方法が児童に分かるように明確に伝える必要がある。例えば，豆電球に明かりをつける実験では，導入として身近にある明かりや電気の例を挙げ，「なぜ明かりがつくのか」を皆で考える。次に，実際に明かりをつける実験をすることを伝える。そして，「豆電球と乾電池をどのようにつなげば明かりがつくか調べてみよう」という目的を明示する。このときに口頭で実験の手順を伝えるだけでなく，実験の手順を示したプリント等を用意し，その手順にしたがって実験を進めることを伝える。プリントの中には，あらかじめ乾電池と豆電球だけが描かれているプリントを用意し，

「どのようなつなぎ方をすると明かりがつくのか，つかないのか」を自分たちで実験して，明かりがつく場合の線のつなぎ方と明かりがつかない場合の線のつなぎ方を絵の中に線を引いてもらうようにする。このように，児童に実験の目的や手順などの方法を明示し，活動に見通しをもたせることが大切である。

2- 危険に気付きにくい児童への配慮

　解説では，「燃焼実験のように危険を伴う学習活動において，危険に気付きにくい場合には，教師が確実に様子を把握できる場所で活動できるようにするなどの配慮が考えられる。」としている。

　実験等を行うに当たっては，児童にあらかじめ加熱の仕方や実験に使用する薬品などの扱い方について説明し，安全に配慮して実験を行うように指導することが大切である。また，加熱実験をする場合には，児童が火傷をする危険があることも想定し，教師が児童の様子を把握できる場所で実験を行う等の配慮が必要である。

3- 時間をかけて観察することが難しい児童への配慮

　解説では，「自然の事物・現象を観察する活動において，時間をかけて観察をすることが難しい場合には，観察するポイントを示したり，ICT教材を活用したりするなどの配慮が考えられる。」としている。

　長時間かけて観察することが難しい児童がいる場合には，どこに着目して観察するとよいかなど，視覚的な情報等を用いて観察のポイントを提示する必要がある。また，ICT機器教材等を活用し，花が開花する様子や星空の動きなどの時間の経過を短縮して観察すると，今まで時間をかけて観察しても見えてこなかったものが見えてくる。このように，時間をかけて観察することが難しい児童には，観察のポイントを示したり，ICT教材を活用したりするなどの配慮が必要である。

（大崎　博史）

6 生活

1 ─ 言葉での説明や指示だけでは、安全に気を付けることが難しい児童への配慮

　小学校学習指導要領解説生活編（以下，解説）では，「言葉での説明や指示だけでは，安全に気を付けることが難しい児童の場合には，その説明や指示の意味を理解し，なぜ危険なのかをイメージできるように，体験的な事前学習を行うなどの配慮をする。」と記述されている。

　例えば，生活科では，町を探検する活動で児童が地域に出かけ，人や社会，自然に出会う機会を設けたり，町を探検するときには，事前にどのような点に気を付けて活動するのかなどを言葉で説明するとともに，町の様子のビデオ等を視聴し，危険な場所を確認したり，危険な行動を例示して児童になぜ危険なのかを考えさせたりする学習を行うことが大切である。

2 ─ みんなで使うもの等を大切に扱うことが難しい児童への配慮

　解説によると「みんなで使うもの等を大切に扱うことが難しい場合は，大切に扱うことの意義や他者の思いを理解できるように，学習場面に即して，児童の生活経験等も踏まえながら具体的に教えるように配慮する。」と記述されている。例えば，公共の施設である図書館を利用して本を借りる場合，借りた本を汚れた手で触ったり，本を破いたりしてはいけないことを伝える必要がある。その場合，実際に図書館で働いている人の話を聞くとともに，児童が日頃，本をどのように扱っているのかを考えさせながら，本を大切に扱うことを伝える必要がある。

3 ― 経験を文章にしたり，考えをまとめたりすることが困難な児童への配慮

　解説によると「自分の経験を文章にしたり，考えをまとめたりすることが困難な場合は，児童がどのように考えればよいのか，具体的なイメージを想起しやすいように，考える項目や順序を示したプリントを準備したり，事前に自分の考えたことを言葉や動作で表現したりしてから文章を書くようにするなどの配慮をする。」と記述されている。

　例えば，「補助輪のない自転車に乗れるようになって嬉しい。」と児童が嬉しかった経験を文章にするときに，「補助輪のない自転車にどうやって乗れるようになったのか。」「練習に何日くらいかかったのか。」「誰かといっしょに練習したのか。」など，具体的なイメージが想起できるように考える項目を示したプリントを提示すると，プリントを見ながら，児童が自分の考えをまとめたり，整理したりすることができるようになる。

4 ― 学習の振り返りの場面において学習内容の想起が難しい児童への配慮

　解説によると「学習の振り返りの場面において学習内容の想起が難しい場合は，学習経過を思い出しやすいように，学習経過などの分かる文章や写真，イラスト等を活用するなどの配慮をする。」と記述されている。

　例えば，キュウリを栽培する学習を振り返るときに，「どのように種を蒔いたのか。」「いつ芽が出てきたのか。」「どのような花が咲いて，どのように実がなったのか。」等の学習の記録写真を示すことで，児童が自分の学習過程を思い出しやすくなる。最後に，解説にも記述されているが，「生活科は，その教科の特質により，多様な認知の特性をもった児童の活躍が期待できる教科」だと言える。生活科では，障害のある，なしに関わらず，児童が自分のよさや可能性に気付き，意欲や自信をもって前向きに生活できる力を養うことが大切である。

（大崎　博史）

7 音楽

1 - リズムや速度,旋律などの聴き取りが難しい児童への配慮

　小学校学習指導要領解説音楽編（以下，解説）では，「音楽を形づくっている要素（リズム，速度，旋律，強弱，反復等）の聴き取りが難しい場合は，要素に着目しやすくなるよう，音楽に合わせて一緒に拍を打ったり体を動かしたりするなどして，要素の表れ方を視覚化，動作化するなどの配慮をする。なお，動作化する際は，決められた動きのパターンを習得するような活動にならないよう留意する。」と記述されている。

　児童の中には，リズムを取ることが難しい児童もいる。そのようなときには，音楽に合わせて教師と一緒に手拍子を打ったり，リズムに合わせて体を左右に揺らしたり，指揮者のように指揮棒を用いて音の強弱を表現するなど，音楽を形づくっている要素に着目しやすくなるよう，視覚化や動作化の方法を工夫することが大切である。

　また，児童の中には，みんなで同じ旋律をリコーダー演奏するときに，今，自分がどこの旋律を演奏しているのかが分からなくなり，混乱する児童もいる。このような場合には，模造紙に拡大した楽譜を書いたものを黒板に提示し（電子黒板に楽譜を提示してもよい。），今，演奏しているところはどこなのかを視覚化して示すなど配慮することが大切である。ただし，最初に考える必要があることは，児童がどのように音楽を形づくっている要素を捉えているのかを見極めることである。

　例えば，指で机をたたいてリズムを取っている児童や，体を前後に揺らしてリズムを取る児童もいる。他の児童に比べてワンテンポ遅れて音を知覚す

る児童もいる。多様な児童が音楽を学んでいることを前提に，児童一人一人に応じた配慮を行うためにも，まずは，児童がどのように音楽を形づくっている要素を捉えているのかを見極めることが大切である。

2 - 楽譜などに情報量が多く，どこに注目するとよいのかが分かりにくい児童への配慮

　解説では，「多くの声部が並列している楽譜など，情報量が多く，自分がどこに注目したらよいのか混乱しやすい場合は，拡大楽譜などを用いて声部を色分けしたり，リズムや旋律を部分的に取り出してカードにしたりするなど，視覚的に情報を整理するなどの配慮をする。」と記述されている。

　児童の中には，合唱をする際に，同じ楽譜の中にいろいろな声部が並列している楽譜を見ると，混乱して，自分がどこの部分を歌うとよいのかが分からない児童もいる。そのような場合には，拡大楽譜などを用いて，その児童が歌うべきパートの旋律を色分けしたり，その児童が歌うべき旋律だけを取り出した楽譜を作成して渡したりして，その児童に提示する情報量を整理することが大切である。

歌うパートを色分けした楽譜

（大崎　博史）

8 図画工作

1 – 変化を見分けたり，微妙な違いを感じ取ったりすることが難しい児童への配慮

　小学校学習指導要領解説図画工作編（以下，解説）では，「変化を見分けたり，微妙な違いを感じ取ったりすることが難しい場合は，造形的な特徴を理解し，技能を習得するように，児童の経験や実態を考慮して，特徴が分かりやすいものを例示したり，多様な材料や用具を用意したり，種類や数を絞ったりするなどの配慮をする。」と記述されている。

　例えば，粘土で果物のパイナップルを作る活動をする場合，本物のパイナップルを用意し，児童に，葉や実，根などを実際に見せたり，触らせたり，臭いをかがせたりして，各部分にどのような違いがあるのかを考えさせることが大切である。また，児童が感じたり，考えたりしたことを言葉で発表させることも大切である。

　そのときに，児童の経験や実態を考慮して，例えば，パイナップルの形状に似ている形状のものを例示したり，パイナップルの葉の形状に似ている形状のものを例示したりして，造形的な特徴を理解できるように工夫することが大切である。

2 – 形や色などの特徴を捉えることや，自分のイメージをもつことが難しい児童への配慮

　解説によると「形や色などの特徴を捉えることや，自分のイメージをもつことが難しい場合は，形や色などに気付くことや自分のイメージをもつこと

のきっかけを得られるように，自分や友人の感じたことや考えたことを言葉にする場を設定するなどの配慮をする。」と記述されている。

　児童は自らの感覚や活動を通して，形や線，色，質感などを捉えている。

　例えば，砂を触ることによって砂のざらざらした感じや，石をもつことによって石の重さなどを捉えている。

　また，形や線，色，質感などを基に自分なりのイメージをもっている。

実物に触れてイメージをもつ

　例えば，「綿あめのような白い雲」などのイメージをもつことができる。しかし，児童の中には，形や色などの特徴を捉えることが困難な児童もいる。そのような児童には，自分の感じたことや考えたことを言葉にする場を設定したり，友人の感じたことや考えたことを聞く場を設定したりすることが大切である。それらの機会を設けることで，児童が，自分がどのように感じているのかを周りの人に伝えることができる。また，他の人がどのような感じ方をしているのかを知ることができる。更に，他の人の感じ方を知ることで，自分の言葉による表現方法の幅を広げることができるかもしれない。

　加えて，教師にとっても，学習活動において児童が関心をもっている形や色，どのようなイメージをもっているのかなどを知ることができ，今後の指導に生かすことができるかもしれない。

（大崎　博史）

9 家庭

1 − 学習に集中したり,持続したりすることが困難な児童への配慮

　小学校学習指導要領解説家庭編（以下，解説）では，「学習に集中したり，持続したりすることが難しい場合には，落ち着いて学習できるようにするため，道具や材料を必要最小限に抑えて準備したり，整理・整頓された学習環境で学習できるよう工夫したりすることが考えられる。」と記述されている。

　児童の中には，一度に大量の情報が入ってくると，頭の中で整理ができなくなり，混乱をきたす児童もいる。

　例えば，米飯及びみそ汁の調理を行うときには，一度に必要な道具や材料を準備するのではなく，「米飯の調理」に必要な道具や材料と「みそ汁の調理」に必要な道具や材料を分けて準備することが大切である。また，どこに何の調理器具が収納されているのかを分かるように表示する工夫も大切である。調理器具の収納場所に，収納されている調理器具の写真を貼っておくこともよい。このように，学習に集中できるような簡素で分かりやすい情報の提供に心掛けることが大切である。

2 − 活動への関心をもつことが難しい児童への配慮

　解説では，「活動への関心をもつことが難しい場合には，約束や注意点，手順等を視覚的に捉えられる掲示物やカードを明示したり，体感できる教材・教具を活用したりして関心を高めることが考えられる。」と記述されている。

　話を聞いているだけでは，活動に関心を示さない児童もいる。

例えば、「洗濯」の授業では、実際に自分の着ている服に付いている洗濯の表示を調べたり、実際に洗濯の仕方を学習したりする等、児童が体感できる教材・教具を活用することが大切である。

また、「調理」の授業では、調理の手順が分かるような調理手順カードを作成したり、包丁の安全な取扱いや、食器やまな板、ふきんの衛生的な取扱いができるように取扱いの注意点を書いた紙を児童の見える位置に掲示したりして、児童の注意を喚起することが重要である。

```
マッシュポテト
調理手順カード

① ジャガイモを洗う
② ジャガイモの皮をむく
③ ジャガイモの芽をとる
④ 鍋に入れて煮る
⑤ やわらかくなったらボールに
  取り出す
⑥ つぶす
⑦ マヨネーズを入れる
```

調理の手順カード例

3 ― 周囲の状況に気が散りやすい児童への配慮

解説では、「周囲の状況に気が散りやすく、包丁、アイロン、ミシンなどの用具を安全に使用することが難しい場合には、手元に集中して安全に作業に取り組めるよう、個別の対応ができるような作業スペースや作業時間を確保することなどが考えられる。」と記述されている。

周囲の状況に気が散ってしまい、活動に集中することが難しい児童には、周囲の状況を気にせず、安心して活動に取り組めるような環境設定を行う必要がある。

例えば、自分で集中して作業に取り組むことができるように、個別の作業スペースを設けることなどもよい。特に、児童が怪我をしたり、火傷を負ったりすることがないように、安全面には十分配慮することが大切である。

（大崎　博史）

10 体育

1 – 複雑な動きをしたり,バランスを取ったりすることに困難がある児童への配慮

　小学校学習指導要領解説体育編（以下,解説）では,「複雑な動きをしたり,バランスを取ったりすることに困難がある場合には,極度の不器用さや動きを組み立てることへの苦手さがあることが考えられることから,動きを細分化して指導したり,適切に補助をしながら行ったりするなどの配慮をする。」と記述されている。

　児童の中には,動きを組み立てることが難しく,跳び箱運動が苦手な児童がいる。例えば,開脚跳びを指導する場合には,①助走をすること,②両脚で踏み切ること,③足を左右に開いて,着手すること,④跳び越えること,⑤両脚を閉じて着地することなど,動きを細分化して指導することが大切である。その際,模範的な跳び方の映像をスローモーションで提示したり,その児童の助走から跳び箱を跳び越えるまでの様子を撮影し,その児童の動きを振り返れるように工夫したり,模範的な跳び方との相違を検討したりするなどして,動きを細分化して指導することが大切である。

　また,踏み切り板のどの位置で踏み切るとよいのか,また,どの位置に着手するとよいかなどを,カラービニールテープ等で印を付け,児童に分かりやすく提示することも大切である。

　このような配慮をすることで,児童が自分の動きを意識し,動きを組み立てることの苦手な児童の困難さを軽減することにもつながる。

2 - 勝ち負けにこだわる場合の配慮

　解説では,「勝ち負けに過度にこだわったり,負けた際に感情を抑えられなかったりする場合には,活動の見通しがもてなかったり,考えたことや思ったことをすぐに行動に移してしまったりすることがあることから,活動の見通しを立ててから活動させたり,勝ったときや負けたときの表現の仕方を事前に確認したりするなどの配慮をする。」と記述されている。

　児童の中には,勝ち負けにこだわるあまり興奮し,感情を抑えることができない児童もいる。勝ったときも負けたときも,相手に嫌なことを言って,相手の友達とトラブルになったり,負けたことが悔しくて激しく泣き続けたり,次の時間まで感情を引きずったりする児童もいる。そのような児童には,勝ったときや負けたときの表現の仕方を事前に確認するとともに,相手の気持ちになって考えたり,相手を労ったりすることの大切さや,この体育の授業を通して,どのような態度を学んでほしいのかを伝えることが大切である。

動きを細分化して示す

（大崎　博史）

11 外国語・外国語活動

1 - 音声を聞き取ることが難しい児童への配慮

　小学校学習指導要領解説外国語編及び外国語活動編では,「音声を聞き取ることが難しい場合,外国語と日本語の音声やリズムの違いに気付くことができるよう,リズムやイントネーションを,教員が手拍子を打つ,音の強弱を手を上下に動かして表すなどの配慮をする。また,本時の流れが分かるように,本時の活動の流れを黒板に記載しておくなどの配慮をする。」と記述されている。

　イントネーションが認識できない児童には,イントネーションを視覚的な情報に置き換えて伝えるための工夫が必要である。例えば,板書に外国語の会話文を示して,会話文の中に別な色のチョークなどで発音の上下を図示して,伝えたり,ICT機器を活用して正しい発音がどのような波長であるのかを,確認したりするなどである。

　また,外国語だけではないが,授業の展開に見通しがもてず,不安になる児童もいるので,本時の活動の流れについてあらかじめ黒板等に掲示し,今どの部分の活動を行っているかを児童に提示することが大切である。

2 - 読む手掛かりをつかんだり,細部に注意を向けたりすることが難しい児童への配慮

　小学校学習指導要領解説外国語編によると「1単語当たりの文字数が多い単語や,文などの文字情報になると,読む手掛かりをつかんだり,細部に注意を向けたりするのが難しい児童の場合,語のまとまりや文の構成を見て捉

えやすくするよう，外国語の文字を提示する際に字体をそろえたり，線上に文字を書いたり，語彙・表現などを記したカードなどを黒板に貼る際には，貼る位置や順番などに配慮する。」と記述されている。

　児童の中には，アルファベットの文字としては認識しているが，単語や語のまとまりとしては認識できない児童もいる。また，単語や文の区切りが理解できなかったり，直線上に文字を読んだりすることが困難な児童もいる。そのような児童には，単語と単語の間隔を広げたプリントを用意したり，重要な単語には色を付けたりして目立つようにする等，児童が文の中で単語のまとまりを意識できるような工夫が必要である。また，左側から右側へ文章を読むときに，行がずれて読み進めても分からない児童もいる。そのような場合には，読む方向が分かるように行ごとに色の違った線を引くなど，読む行がズレないようにする工夫が必要である。提示の仕方を工夫することで，児童が読む手掛かりをつかんだり，語のまとまりや文の構成が捉えやすくなったりする。

　なお，これらの工夫や配慮を行うに当たっては，児童の学びの過程において考えられる困難さの実態把握をあらかじめ行う必要がある。児童の見え方や聞こえ方等について，その困難さをあらかじめ把握することで，一人一人の教育的ニーズに応じた指導や支援を行うことが可能になる。

単語と単語の間をひろげる
× HeismyfriendHisnameisHirofumi.
↓
○ He is my friend. His name is Hirofumi.

字体をそろえる
× It's **my** dictionary.
↓
○ It's my dictionary.

（大崎　博史）

12 特別の教科　道徳

1－「困難さの状態」を把握することの大切さ

　小学校学習指導要領解説特別の教科道徳編（以下，解説）では，「発達障害等のある児童に対する指導や評価を行う上では，それぞれの学習の過程で考えられる『困難さの状態』をしっかりと把握した上で必要な配慮が求められる。」と記述されている。

2－ 他者との社会的関係の形成に困難がある児童への配慮

　解説によると，「他者との社会的関係の形成に困難がある児童の場合であれば，相手の気持ちを想像することが苦手で字義通りの解釈をしてしまうことがあることや，暗黙のルールや一般的な常識が理解できないことがあることなど困難さの状況を十分に理解した上で，例えば，他者の心情を理解するために役割を交代して動作化，劇化したり，ルールを明文化したりするなど，学習過程において想定される困難さとそれに対する指導上の工夫が必要である。」と記述されている。

　例えば，道徳では，他の人とのかかわりにおいて，誰に対しても思いやりの心をもち，相手の立場に立って親切にすることを学ぶ。しかし，児童の中には，「思いやりの心」や「親切にする」という抽象的な言葉の意味を理解できない児童もいる。そのような場合には，例えば，道に迷って困っている人や満員電車の中で足を怪我して立っていて困っている人の気持ちを児童に想像してもらうために，その場面を劇化するなどして，相手の気持ちと困難さを児童に考えさせることが重要である。また，困っている人に対してどの

ような対応をすべきかを考えさせたりする学習を行うことも大切である。このような学習を行うことによって，児童が「思いやりの心」や「親切にする」という言葉の意味を学ぶことができる。

3 ― 他者との社会的関係の形成に困難がある児童の評価を行うに当たって

　解説によると「評価を行うに当たっても，困難さの状況ごとの配慮を踏まえることが必要である。」と記述されている。例えば，他者との社会的関係の形成に困難がある児童の評価については，解説では，「指導を行った結果として，相手の意見を取り入れつつ自分の考えを深めているかなど，児童が多面的・多角的な見方へ発展させていたり道徳的価値を自分のこととして捉えていたりしているかといったことを丁寧に見取る必要がある。」と記述されている。

　また，「発達障害等のある児童の学習状況や道徳性に係る成長の様子を把握するため，道徳的価値の理解を深めていることをどのように見取るのかという評価資料を集めたり，集めた資料を検討したりするに当たっては，相手の気持ちを想像することが苦手であることや，望ましいと分かっていてもそのとおりにできないことがあるなど，一人一人の障害により学習上の困難さの状況をしっかりと踏まえた上で行い，評価することが重要である。」と記述されている。

　最後に，解説にも記述されているが，「道徳科の評価は他の児童との比較による評価や目標への到達度を測る評価ではなく，一人一人の児童がいかに成長したかを積極的に受け止めて認め，励ます個人内評価として行う」ものである。したがって，障害のある児童一人一人の「困難さの状態」をしっかりと把握し，必要な配慮を提供していくことが大切である。

（大崎　博史）

13 総合的な学習の時間

1 − 事象を調べたり，情報をまとめたりすることに困難がある児童への配慮

　小学校学習指導要領解説総合的な学習の時間編（以下，解説）では，「様々な事象を調べたり，得られた情報をまとめたりすることに困難がある場合は，必要な事象や情報を選択して整理できるように，着目する点や調べる内容，まとめる手順や調べ方について具体的に提示するなどの配慮をする。」と記述されている。

　総合的な学習の時間は，児童が体験活動などを通して課題を設定し，その課題に基づいて必要な情報を収集し，収集した情報を整理したり分析したりして思考し，気付きや発見，自分の考えなどをまとめ，判断し，表現する「探求的な学習」をすることが求められる。児童の中には，課題を設定したものの，その課題の探求の仕方が思い浮かばなかったり，せっかく情報を収集してもまとめる手順が分からなかったりして，困惑する児童もいる。そのような児童に対して，必要な情報を選択して整理できるようにしたり，まとめ方などを分かりやすく提示したりするなどの工夫が必要である。

2 − 関心のある事柄を広げることが難しい児童への配慮

　解説によると「関心のある事柄を広げることが難しい場合は，関心のもてる範囲を広げることができるように，現在の関心事を核にして，それと関連する具体的な内容を示していくことなどの配慮をする。」と記述されている。

　例えば，鉄道に関心のある児童であれば，鉄道に関連させながら児童の関心のもてる範囲を広げていくことも大切である。

3 ― 情報の中から，必要な事柄を選択して比べることが難しい児童への配慮

　解説によると「様々な情報の中から，必要な事柄を選択して比べることが難しい場合は，具体的なイメージをもって比較することができるように，比べる視点の焦点を明確にしたり，より具体化して提示したりするなどの配慮をする。」と記述されている。
　抽象的でなく，具体的なイメージをもたせるための工夫が必要である。

4 ― 学習の振り返りが難しい児童への配慮

　解説によると「学習の振り返りが難しい場合は，学習してきた場面を想起しやすいように，学習してきた内容を文章やイラスト，写真等で視覚的に示すなどして，思い出すための手掛かりが得られるように配慮する。」と記述されている。例えば，リサイクル工場を見学に行った場合には，説明者の話を思い出すよう促したり，学習場面の写真を見たりして，児童が思い出すための手掛かりを得られるように工夫することが大切である。

5 ― 話すことへの不安から，自分の考えなどを発表することが難しい児童への配慮

　解説によると「人前で話すことへの不安から，自分の考えなどを発表することが難しい場合は，安心して発表できるように，発表する内容について紙面に整理し，その紙面を見ながら発表できるようにすること，ICT機器を活用したりするなど，児童の表現を支援するための手立てを工夫できるように配慮する。」と記述されている。
　発表原稿を紙に書いてまとめたり，模造紙に図示してまとめたり，ICT機器を活用して視覚的な提示ができるようにしたりするなどの工夫をして，児童が安心して発表できるように配慮することが大切である。

　　　　　　　　　　　　　　　　　　　　　　　（大崎　博史）

14 特別活動

1 − 相手の気持ちを察したり理解することが苦手な児童への配慮

　小学校学習指導要領解説特別活動編（以下，解説）によると，「相手の気持ちを察したり理解することが苦手な児童には，他者の心情等を理解しやすいように役割を交代して相手の気持ちを考えたり，相手の意図を理解しやすい場面に置き換えることや，イラスト等を活用して視覚的に表したりする指導を取り入れるなどの配慮をする。」と記述されている。

　例えば，話合い活動では，友達の意見をよく聞いたり，自分の意見を友達にも理解してもらったりする活動を行う。しかし，児童の中には，相手の気持ちを察したり理解することが苦手な児童もいる。そこで，そのような児童のために，意見を発表するときには言葉だけではなく，自分の考えを視覚的にも分かりやすく伝えることが大切である。話合い活動の場に模造紙やペンなどを用意しておくとよい。また，日頃から自分の考えをまとめて，視覚的に表現する学習を行うことも必要である。自分の考えをノートに整理したり，考えをまとめるシート等を用意したりして，日頃から自分の考えをまとめて，視覚的に表現できることが大切である。

2 − 話を最後まで聞いて答えることが苦手な児童への配慮

　解説によると「話を最後まで聞いて答えることが苦手な場合には，発言するタイミングが理解できるように，事前に発言や質問する際のタイミングなどについて具体的に伝えるなど，コミュニケーションの図り方についての指導をする。」と記述されている。

例えば，児童会集会活動では，全校又は学年の児童が一堂に会して，活動の計画や内容についての協議，活動状況の報告や連絡等が行われるが，どのタイミングで意見を述べたり，質問したりするとよいのかが分からない児童もいる。そのような児童に対して，事前に意見や質問するタイミング等について具体的に伝えておくなどの配慮が必要である。

3 — 避難訓練等の参加に対し，強い不安を抱いたり戸惑ったりする児童への配慮

解説によると「学校行事における避難訓練等の参加に対し，強い不安を抱いたり戸惑ったりする場合には，見通しがもてるよう，各活動や学校行事のねらいや活動の内容，役割（得意なこと）の分担などについて，視覚化したり，理解しやすい方法を用いたりして事前指導を行うとともに，周囲の児童に協力を依頼しておく。」と記述されている。

例えば，急に火災報知器が鳴ったり，非常放送が流れたりすることに対して強い不安を抱き，パニックになる児童もいる。そのような児童に対しては，事前に避難訓練が行われることを伝えるとともに，いざという時にどのような行動をとるべきかについて，その児童の理解しやすい方法を用いて事前指導を行うことが大切である。

また，いざという時は，予告なしに火災報知器が鳴ったり，非常放送が流れることも伝えることや，いざという時に落ち着いて行動したり，自分の役割を果たしたり，自分の命を守ることを伝えることも大切である。

更に，周囲の児童にも協力を依頼し，パニックになっている児童に声をかけて落ち着かせたり，行動を一緒にできるようにしたりしておくことが大切である。

（大崎　博史）

3章 「特別支援学校学習指導要領」の概説

1 特別支援学校学習指導要領の概要

1 — 今回の改訂の基本的考え方

　特別支援学校学習指導要領の基本的方向性は，「社会に開かれた教育課程の実現」，「育成を目指す資質・能力の明確化」，「主体的・対話的で深い学びの視点を踏まえた授業改善」，「各学校におけるカリキュラム・マネジメントの推進」等，小・中学校学習指導要領の改訂の基本的方向性と変わらない。教育の目的は障害の有無にかかわらず，全ての児童生徒に共通するものである。

　今回の改訂の重点は，障害のある児童生徒の学びの場の柔軟な選択を踏まえ，幼・小・中・高等学校の教育課程との連続性の重視と障害の多様化への対応及び卒業後の自立と社会参加に向けた充実にある。

2 — 教育内容等の改善の要点

①重複障害者等に関する教育課程の取扱い

　児童生徒の障害の状態により学びの連続性を確保する視点から，基本的な考え方が次のように整理された。

ア　当該学年の各教科及び外国語活動の目標及び内容に関する事項の一部を取り扱わないことができるとしたこと。

イ　各教科及び道徳科の目標及び内容に関する事項を前学年の目標及び内容に替えることができるとしたこと。

②知的障害者である児童生徒のための各教科の基本的考え方

　知的障害者である児童生徒のための各教科等の目標や内容について，育成を目指す資質・能力は，小・中学校の各教科において育成を目指す資質・能

力と基本的には同じであるとして捉え,「知識及び技能」「思考力,判断力,表現力等」「学びに向かう力,人間性」の三つの柱に基づき整理され,以下の事項が示された。

ア　中学部に二つの段階を新設するとともに,小・中学部の各段階に目標を設定し,段階ごとの内容のつながりを充実させること。
イ　知的障害の程度や学習状況等の個人差が大きいことを踏まえ,特に必要がある場合には,個別の指導計画に基づき,相当する学校段階までの学習指導要領の各教科の目標及び内容を参考に指導が可能であること。
ウ　各教科等を合わせて指導を行う際には,各教科等で育成を目指す資質・能力を明確にした上で,カリキュラム・マネジメントの視点に基づいて計画－実施－評価－改善していくこと。

③一人一人に応じた指導の充実

児童生徒の障害の状態や特性等を十分に考慮するとともに,多様な学びの場における自立活動の指導が,児童生徒等の自立と社会参加の質の向上につながるような指導となるように留意することが示された。

ア　発達障害を含む多様な障害に応じた指導を充実させるため,「障害の特性の理解と生活環境の調整に関すること」の項目が新たに示され6区分27項目に整理されたこと。
イ　個別の指導計画の作成において児童生徒の実態把握,指導目標の設定,具体的な指導内容の設定,評価等について配慮すること。

④「自立と社会参加」に向けた教育の充実

ア　社会的・職業的自立に向けて必要な基盤となる資質・能力を育み,キャリア発達を促すキャリア教育の充実を図ることが示されたこと。
イ　生涯学習への意欲を高め,生涯を通じてスポーツや文化芸術活動に親しみ,豊かな生活を営むことができるように配慮することが示されたこと。
ウ　心のバリアフリーのために障害のない児童生徒と交流及び共同学習を充実させることが示されたこと。

（横倉　　久）

特別支援学校　自立活動

2　区分(1)　健康の保持

　生命を維持し，日常生活を行うために必要な健康状態の維持・改善を身体的な側面を中心として図る観点から以下の内容を示している。
(1)生活のリズムや生活習慣の形成に関すること。
(2)病気の状態の理解と生活管理に関すること。
(3)身体各部の状態の理解と養護に関すること。
(4)障害の特性の理解と生活環境の調整に関すること。
(5)健康状態の維持・改善に関すること。

　健康の保持というと，まだ自力では生命を維持することが難しい児童生徒に対して，その困難を改善するための指導を行うというイメージを抱きやすい。しかし，健康とは，自己の状態と環境との相互作用の中で捉えられるものでもある。この区分に新設された，(4)は，幅広く健康を捉え，環境に対して主体的に働きかける内容である。

　平成21年3月告示の学習指導要領の「指導計画の作成と内容の取扱い」には「個々の児童又は生徒が，活動しやすいように自ら環境を整えたり，必要に応じて周囲の人に支援を求めたりすることができるような指導内容」を計画的に取り上げることとされている。これは「社会的障壁の除去についての意思表示」に関わる重要な内容であり，今回，それを直接読み取れるような項目が加えられた。

　特に発達障害のある児童生徒については，従来この区分があまり重視されない傾向があったが，今回の改訂により重要性を増した。

　「(1)生活のリズムや生活習慣の形成に関すること。」は，健康状態を維持したり改善したりするために必要な，睡眠と覚醒や食事や排泄などの主として

時間的な規則性（＝リズム）に関わること，更に，生活を整えるための習慣，つまり食事や排泄などの全般的な内容や，寒暖に応じて着ている衣服を調節することや，様々な病気に感染することを予防するために接触する学校用品等や手指などを清潔に保つことなどを意味している。

「(2)病気の状態の理解と生活管理に関すること。」は，主として病弱者である児童生徒にとって重要なことがらである。自分の病気の名称にとどまらず，症状や健康上の危険など，その状態を正しく理解した上で，その改善を図り，病気の進行防止のために必要な生活様式についての理解を深めていくこと，更には，それらの理解に基づいた生活の自己管理ができるようにすることを意味している。

「(3)身体各部の状態の理解と養護に関すること。」は，いわゆる身体障害に関わることがらである。視覚障害や聴覚障害のある児童生徒の場合，視覚や聴覚の感覚を担う器官の状態を理解し，保有する機能を維持することなどを意味している。肢体不自由のある児童生徒の場合は，理由は様々であるが，身体の一部が欠損したり機能が十分に発揮されなかったりする。そういった場合には，自分の身体各部の神経，筋，骨，皮膚等の状態を理解し，その部位を適切に保護したり，症状の進行を防止したりできるようにすることを意味している。

「(4)障害の特性の理解と生活環境の調整に関すること。」は，自己の障害の特性を理解し，それらによる困難についての理解を深め，その状況に応じて，自己の行動や感情を調整したり，他者に対して主体的に働きかけたりして，より学習や生活をしやすい環境にしていくことを意味している。

障害の特性を理解することについては，心理的な安定や人間関係の形成にも類似の内容が示されているが，ここでは意欲面や集団の中での自己理解よりも，生活環境を調整するための具体的側面に比重がかかっている。

「(5)健康状態の維持・改善に関すること。」は，障害のため，運動量が少なくなったり，体力が低下したりすることを防ぐために，日常生活における適切な健康の自己管理ができるようにすることを意味している。（樋口　一宗）

特別支援学校　自立活動

3 区分(2) 心理的な安定

　自分の気持ちや情緒をコントロールして変化する状況に適切に対応するとともに、障害による学習上又は生活上の困難を主体的に改善・克服する意欲の向上を図り、自己のよさに気付く観点から以下の内容を示している。この区分に示されているのは、心理面に関する内容であるが、実際に指導する場合は心理的な不安定さを生じさせる原因に対する指導を組み合わせることが一般的であると考えられる。
(1)情緒の安定に関すること。
(2)状況の理解と変化への対応に関すること。
(3)障害による学習上又は生活上の困難を改善・克服する意欲に関すること。
　「(1)情緒の安定に関すること。」は、障害があることによって情緒の安定を図ることが困難な児童生徒が、情緒を安定させて生活できるようにすることを意味している。例えば、生活環境などが要因となり、心理的に緊張したり不安になったりすることがある。その場合は生活環境として、生活のリズムや気温、気圧、家庭生活や人間関係などの中から要因を明らかにし、落ち着いて穏やかな気持ちでいられるような指導をするとともに、必要に応じて生活環境そのものの改善を図ることも大切になる。障害のある児童生徒は、過去の失敗経験等により不安を感じたり、自信を失ったりすることが多い。その結果として無力感に捉えられてしまうこともある。そのような場合には、機会を捉えて本人のよさに気付くことができるようにしたり、成功体験を積み重ねて自信がもてるように励ましたりして活動への意欲をもてるようにしていく。
　「(2)状況の理解と変化への対応に関すること。」は、場所や場面の状況がう

まく理解できないために，不安を感じて活動に参加できなかったり，適切な対応ができなかったりする児童生徒に対して適切な行動の仕方を身に付けるように指導する内容である。

　学校での生活は，日常生活と比較すると変化が著しい場であり，常に場所や場面が変化している。そういった場合に生じる心理的な抵抗を軽くするには，信頼関係ができている教師が共に行動することで安心感を与えながら徐々に慣れていくことができるようにする。その際，場所や場面の状況を理解するための方法を指導する。また，状況が変化した場合に，その状況に応じた適切な対応の仕方は場面ごとに異なる。障害のある子供は，ある状況で学んだ適切な対応方法を，別の場面にも適応することが苦手な場合がある。できる限り体験を積み，実践につなげることができるように指導する必要がある。

　「(3)障害による学習上又は生活上の困難を改善・克服する意欲に関すること。」は，主体的に障害による学習上又は生活上の困難を改善・克服しようとする意欲の向上を図ることを意味している。

　障害による学習上又は生活上の困難は，様々な場面で児童生徒に降りかかる。そのため適切な支援や配慮のない状況を経験すると，「自分にはその状況を改善することができない」という心情になることは自然な成り行きである。そういった心理状態の児童生徒が主体的に困難を改善・克服しようという意欲を向上させることは自立活動の成否を左右するといえる。

　将来に向けてのイメージが明確でない児童生徒に対して，生きがいを感じるような活動を用意したり，自分にもできるという経験を積んだりすることも意欲の向上につながる。

　「1　健康の保持」の「(4)障害の特性の理解と生活環境の調整に関すること。」と重なる部分もあるが，こちらは障害のある児童生徒が，主体的に障害による困難を乗り越えようとする心理的な面，つまり意欲を高めることに対する働きかけを重視している点が異なる。

　　　　　　　　　　　　　　　　　　　　　　　　　（樋口　一宗）

特別支援学校　自立活動

4 区分(3)　人間関係の形成

　自他の理解を深め，対人関係を円滑にし，集団参加の基盤を培う観点から以下の内容を示している。なお，区分名にある通り，この項目に含まれるのは，あくまでも集団の中における自己であり，集団との相互関係における自己理解や自己の行動の調整などを意味していると捉えると分かりやすい。
(1)他者とのかかわりの基礎に関すること。
(2)他者の意図や感情の理解に関すること。
(3)自己の理解と行動の調整に関すること。
(4)集団への参加の基礎に関すること。

　「(1)他者とのかかわりの基礎に関すること。」は，人に対する基本的な信頼感をもち，他者からの働きかけを受け止め，それに応ずることができるようにすることを意味している。人に対する基本的な信頼感とは，乳幼児期の愛着形成から，一般的な意味での他者に対する信頼感までの幅広い信頼関係を指している。したがって他者からの働きかけの受け止めと対応もまた幅広い人間関係を含むものである。

　例えば，愛着形成は母子関係を基礎とするものだが，障害がある場合，周囲の人に対する信頼関係の芽生えが大きく遅れることがある。情緒の発達段階に合わせて他者とのかかわりを適切に設定することが大切である。

　「(2)他者の意図や感情の理解に関すること。」は，他者の意図や感情を理解し，場に応じた適切な行動をとることができるようにすることを意味している。障害のある児童生徒が他者の意図や感情を理解できない場合，様々な原因が考えられる。例えば感覚の障害であったり，情報処理の段階での障害であったりする。あるいは感情と表情との関係が偏っている場合もある。いず

れにしても，他者の意図や感情を理解しなければ適切な対応もできないわけであるから，理解するための様々な方法と適切に反応することを対応させて指導していく必要がある。なお，他者が抱く複雑な感情を，障害のために理解できないこともある。そういった場合は，一般的に望ましいとされる行動様式を身に付けるなどの指導が社会生活上は必要となるだろう。これらの内容は，「6　コミュニケーション」の区分と関連させて指導することが自然である。

　「(3)自己の理解と行動の調整に関すること。」は，自分の得意なことや不得意なことを含んだ自分の行動の特徴，つまり自己を全体的にあるがままに理解し，それらを理解した上で，集団の中で状況に応じた行動ができるようになることを意味している。

　障害のある児童生徒が集団の中で共に生活する場合，自己肯定感が低下することがあるが，そういった場合「なぜできないのか。どうすればできるようになるのか」と自らに問いかけながら解決していくための方法を知ることが大切である。もちろん，できるようになる方策の中には，周囲に適切な援助を依頼することも含まれる。一方，集団を意識することなく自分本位な自己理解をしている場合は，他者の意思理解と併せてこの内容を指導していく必要がある。

　「(4)集団への参加の基礎に関すること。」は，集団の雰囲気に合わせたり，集団に参加するための手順やきまりを理解したりして，遊びや集団活動などに積極的に参加できるようになることを意味している。集団の雰囲気や，明確に示されていない集団のルールを理解することは，本来，非常に難しいことであるが，「同調圧力が高い」と言われる我が国においては非常に重視されることが多い。将来の社会参加を考えれば，こういった面に関しての一定の知識や，分からない場合の解決の仕方については，学校で必要最低限のことは身に付けておく必要があり，具体的な場面を想定しながら指導していくことが大切である。

（樋口　一宗）

特別支援学校　自立活動

5 区分(4) 環境の把握

　感覚を有効に活用し，空間や時間などの概念を手掛かりとして，周囲の状況を把握したり，環境と自己との関係を理解したりして，的確に判断し，行動できるようにする観点から以下の内容を示している。
(1)保有する感覚の活用に関すること。
(2)感覚や認知の特性についての理解と対応に関すること。
(3)感覚の補助及び代行手段の活用に関すること。
(4)感覚を総合的に活用した周囲の状況についての把握と状況に応じた行動に関すること。
(5)認知や行動の手掛かりとなる概念の形成に関すること。
　「(1)保有する感覚の活用に関すること。」は，現在保有している視覚，聴覚，触覚，嗅覚，味覚などの感覚器を通じて把握される感覚や，固有覚，前庭覚などの身体内部の特定の感覚のみではなく，筋肉や関節，いくつかの感覚器官などを総合的に働かせて受容する感覚などを十分に活用できるようにすることを意味している。
　感覚の障害があっても，現在保有する感覚を十分に使えるようにしたり，あるいは伸ばしたりすることに関わっている。
　「(2)感覚や認知の特性についての理解と対応に関すること。」は，障害のある児童生徒一人一人の感覚や認知の特性を踏まえ，自分に入ってくる情報を適切に処理できるようにするとともに，特に自己の感覚の過敏さや認知の偏りなどの特性について理解し，適切に対応できるようにすることを意味している。
　感覚器を通して受け止められる様々な情報は，脳に伝えられて情報処理さ

れることになる。障害があることにより，この過程で特徴的に過敏さや鈍さ，偏りなどが発生する。そういった場合には，これらを自己の特性として理解し，その適切な対応方法を身に付けていく必要がある。その特性の多くは，障害のない人たちにとっては容易に理解できないものである。したがってこの指導においては，自己の特性を理解することと同時に，それを周囲の障害のない人たちに説明できることも想定して指導していく必要がある。

「(3)感覚の補助及び代行手段の活用に関すること。」は，保有する感覚を用いて状況を把握しやすくするよう各種の補助機器を活用できるようにしたり，他の感覚や機器での代行が的確にできるようにしたりすることを意味している。特に感覚を補助するための機器は，従来の方法に加えてICTや新たなテクノロジー開発が進んでおり，指導者は最新情報をつかんでおく必要がある。

「(4)感覚を総合的に活用した周囲の状況についての把握と状況に応じた行動に関すること。」は，(2)で述べた保有するいろいろな感覚器官からの情報や，(3)で述べた補助及び代行手段によって把握した情報などを総合的に活用することで，情報を収集したり，環境の状況を把握したりして，的確な判断や行動ができるようにすることを意味している。使えるものは全てうまく活用して生きていく力を身に付けていくための指導といえるだろう。

「(5)認知や行動の手掛かりとなる概念の形成に関すること。」は，ものの機能や属性，形，色，音が変化する様子，空間・時間等の概念の形成を図ることによって，それを認知や行動の手掛かりとして活用できるようにすることを意味している。

認知とは脳内で行われる情報処理の過程であり，行動とは外界に表出した活動のことである。人がこれらを進めていくためには，物事を捉える一定の枠組みが必要となり，それは経験によって身に付いていく。そういった概念の形成に関することを扱うのがこの項目である。概念には様々なものがあるが，それらを系統立て，障害に応じて無理なく児童生徒が理解できるように指導していくことが必要である。

(樋口　一宗)

特別支援学校　自立活動

6 区分(5)　身体の動き

　日常生活や作業に必要な基本動作を習得し，生活の中で適切な身体の動きができるようにする観点から以下の内容を示している。
(1)姿勢と運動・動作の基本的技能に関すること。
(2)姿勢保持と運動・動作の補助的手段の活用に関すること。
(3)日常生活に必要な基本動作に関すること。
(4)身体の移動能力に関すること。
(5)作業に必要な動作と円滑な遂行に関すること。

　「(1)姿勢と運動・動作の基本的技能に関すること。」は，日常生活に必要な動作の基本となる姿勢保持や上肢・下肢の運動・動作の改善及び習得，関節の拘縮や変形の予防，筋力の維持・強化を図ることなどの基本的技能に関することを意味している。この表現を読むと，肢体不自由のある児童生徒限定の指導内容のように受け止められやすいが，例えば視覚障害があると，見て真似ることによって動作を習得することが難しくなる場合がある。そういった動作の習得に関わる内容も含まれる。また，様々な姿勢を保持すること，必要に応じて姿勢を変えることなどが含まれている。注意の持続が困難な児童に姿勢保持のための指導をすると，持続時間が伸びるなどの指導が考えられる。

　「(2)姿勢保持と運動・動作の補助的手段の活用に関すること。」は，姿勢の保持や各種の運動・動作が困難な場合，様々な補助用具等の補助的手段を活用してこれらができるようにすることを意味している。補助的手段には，座位を安定させるための椅子や，歩行器，車いすなど，様々なものがある。

　「(3)日常生活に必要な基本動作に関すること。」は，食事，排泄，衣服の着

脱，洗面，入浴などの身辺処理及び書字，描画等の学習のための動作などの基本動作を身に付けることができるようにすることを意味している。人が活動する上で最も基本となる動作を身に付けた上で，これらの動作が習得されていくと考えられる。身辺処理，学習のための動作には様々なレベルがあるので，この項目も幅広く捉えて指導内容を構成する要素としていきたい。

「(4)身体の移動能力に関すること。」は，自力での身体移動や歩行，歩行器や車いすによる移動など，日常生活に必要な移動能力の向上を図ることを意味している。移動とは，自分で自分の身体を動かし，目的の場所まで行くことで，興味や関心を広げる上でも重要な手段であり，自立するために必要な動作の一つである。一般に，首のすわりから始まって，寝返りから座位へと続く，いわゆる初期の運動・動作の発達の到達点が歩行である。

ここで注目しておきたいのは，この項目には，単なる身体の能力にとどまらず，社会的な状況において移動する場合に必要な知識や，他者への援助依頼などが含まれるという点である。

「(5)作業に必要な動作と円滑な遂行に関すること。」は，作業に必要な基本動作を習得し，その巧緻性や持続性の向上を図るとともに，作業を円滑に遂行する能力を高めることを意味している。作業という言葉は，一般的には仕事と同義で用いられることが多いが，ここでは，身体を使った一連の活動を指している。したがって，販売するための製作活動も作業の一種であるが，定規を使って線を引くことも作業に含まれることになる。

ところで近年，極端な不器用さを有する発達性協調運動障害という障害が知られるようになってきたが，今のところ特別支援教育の対象としては明示されていない。この項目がこれらの児童生徒の困難を改善することにつながるのではないかと期待している。

（樋口　一宗）

特別支援学校　自立活動

7 区分(6) コミュニケーション

　場や相手に応じて，コミュニケーションを円滑に行うことができるようにする観点から以下の内容を示している。
(1)コミュニケーションの基礎的能力に関すること。
(2)言語の受容と表出に関すること。
(3)言語の形成と活用に関すること。
(4)コミュニケーション手段の選択と活用に関すること。
(5)状況に応じたコミュニケーションに関すること。
　「3　人間関係の形成」と重なる部分もあるが，この区分は，あくまでも対人相互の意思交換に関わる内容に限定されている。
　「(1)コミュニケーションの基礎的能力に関すること。」は，児童生徒の障害の種類や程度，興味・関心等に応じて，表情や身振り，各種の機器などを用いて意思のやりとりが行えるようにするなど，コミュニケーションに必要な基礎的な能力を身に付けることを意味している。何をもって「基礎的」とするかには様々な考え方があるが，年齢や発達段階，障害の状態等に応じて柔軟に幅広く捉える必要があるだろう。
　「(2)言語の受容と表出に関すること。」は，話し言葉や各種の文字・記号等を用いて，相手の意図を受け止めたり，自分の考えを伝えたりするなど，言語を受容し表出することができるようにすることを意味している。
　この項目には，手話などの言語の利用に関する内容も含まれる。また，言語を使用する場合には，必ずそれを使用するに際しての意図や，使うための状況が付随する。したがって，この項目を単独で扱う場合もあるかもしれないが，言語の受容と表出について指導する場面では，「それを何のために用

※本文の執筆に当たっては，平成29年7月18日，19日に開催された「平成29年度新特別支援学校幼稚部教育要領，特別支援学校小学部・中学部学習指導要領説明会」において配布された資料を基に，筆者による説明を加えた。したがって細部においては同資料と異なる表現が使われている場合がある。なお，説明部分には筆者による独自の解釈が含まれている。

いるのか」という視点は欠かせない。

　「(3)言語の形成と活用に関すること。」は，コミュニケーションを通して，事物や現象，自己の行動等に対応した言語の概念の形成を図り，体系的な言語を身に付けることができるようにすることを意味している。いったん獲得された言語を，より機能的に使用していくことができるように磨きをかけていく過程にかかわる内容と捉えればよいだろう。

　「(4)コミュニケーション手段の選択と活用に関すること。」は，話し言葉や各種の文字・記号，機器等のコミュニケーション手段を適切に選択・活用し，他者とのコミュニケーションが円滑にできるようにすることを意味している。

　コミュニケーションのための手段は文字言語，音声言語だけでなく，サイン言語などもある。また非言語的コミュニケーションを用いて意思交換することもできる。実際のコミュニケーションにおいては，特定の方法に限定せず，状況に応じて適切に選択して，最も効率よいコミュニケーションができるようになることが大切である。特に近年は様々な機器等が開発されており，それらを組み合わせて使うことで従来は予想もできなかったようなコミュニケーションが可能になってきている。それらを知るだけでなく，実際に使用し，更にその使用に熟練することが大切である。

　「(5)状況に応じたコミュニケーションに関すること。」は，コミュニケーションを円滑に行うためには，伝えようとする側と受け取る側との人間関係や，そのときの状況を的確に把握することが重要であることから，場や相手の状況に応じて，主体的にコミュニケーションを展開できるようにすることを意味している。

　この項目が示しているのは，児童生徒がそのコミュニケーション力を十分に発揮した姿である。様々な状況を的確に理解して応じるためには，総合的な対人関係技能と様々なコミュニケーション技能が必要となる。単独の技能習得のみにとどまらず，発達段階に応じて，状況に適したコミュニケーションができるように指導していきたいものである。

（樋口　一宗）

知的障害特別支援学校　各教科等

8 生活

1 目標の改訂の要点

　目標については，従前の「自立的な生活をするための基礎的能力と態度」から，「自立し生活を豊かにしていくための資質・能力」と改められている。

　その理由として児童が生活に必要な基本的な知識，技能，態度を，生活経験を積み重ねて着実に身に付けていくことが基本であること，更に自らの生活を豊かにしていこうとする資質・能力とすることを明確にするためである。

　今回から設定された各段階の目標は，児童の発達の段階を踏まえて，育成を目指す三つの柱から示されている。

　なお，小学校の生活科の目標では，「身近な生活に関わる見方・考え方を生かし」となっているが，それは，小学校の生活科は第２学年までであるのに対し，小学部の生活科は第６学年が修了するまでを考えており，より広範囲の生活を想定しているため「生活に関わる見方・考え方を生かし」となっていることに留意する必要がある。

2 内容の改訂の要点

　内容は，従前の12項目について，小学部体育科との内容，中学部社会科，理科，職業・家庭科とのつながりを踏まえて整理している。従前の「健康・安全」の「健康」に関する内容は小学部体育科に位置付けたため「安全」として，「金銭」及び「交際」は内容を具体的に分かりやすくすることから「金銭の扱い」及び「人との関わり」と改められている。「社会の仕組み」と「公共施設」は，一つにして「社会の仕組みと公共施設」と改めている。「自

然」は中学部理科との内容のつながりを踏まえて,「生命・自然」とし,「ものの仕組みと働き」を新設している。また,各内容の関連性を踏まえて,「基本的生活習慣」,「安全」,「日課・予定」は基本的生活習慣に関する内容,「遊び」,「人との関わり」,「役割」,「手伝い・仕事」,「金銭の扱い」は,生活や家庭に関する内容,「きまり」,「社会の仕組みと公共施設」,「生命・自然」,「ものの仕組みと働き」は社会及び理科に関する内容として,表記の順番を入れ替えるなどの充実を図り,社会及び理科に関する内容については,小学校の社会,理科とのつながりも意識している。

内容の示し方については,(ア)思考力・判断力・表現力等,(イ)知識及び技能の柱の順に示しており,知識・技能だけではなく,生活の中で生かしていこうとする資質・能力を考えていくことが大切である。

3 指導計画の作成と内容の取扱いの要点

指導計画の作成に当たっては,各教科等との関連を図り,設定した指導内容がどの教科につながっていくか考えておく必要がある。内容の取扱いについては,日課に即して,実際的な指導ができることや具体的な活動や体験を通して多様な学習活動を行うことなどについて示している。

特に生活科は各教科等を合わせた指導の中で展開されることが多いことから,児童の実態に応じた個別の指導計画の充実はもちろんであるが,それを支える,年間指導計画や単元計画が重要である。

4 最後に

今回の改訂では小学校とのつながりをもたせており,これからの実践の蓄積が必要である。その一方で今まで多くの実践が蓄積されているものについては,改めて目指す資質・能力で整理していくことが必要となってくる。

(村上　直也)

知的障害特別支援学校　各教科等

9 国語

1 – 目標及び内容

①変更点

教科の目標は，従前が「日常生活に必要な国語を理解し，伝え合う力を養うとともに，それらを表現する能力と態度を育てる」から，

> 言葉による見方・考え方を働かせ，言語活動を通して，国語で理解し表現する資質・能力を次のとおり育成することを目指す。
> (1)日常生活に必要な国語について，その特質を理解し使うことができるようにする。
> (2)日常生活における人との関わりの中で伝え合う力を身に付け，思考力や想像力を養う。
> (3)言葉で伝え合うよさを感じるとともに，言語感覚を養い，国語を大切にしてその能力の向上を図る態度を養う。

に改められた。小学部では，言葉が醸し出す雰囲気を味わったり，自分の要求を言葉で伝えて実現したり，言葉を使って出来事の順番や原因と結果の関係を考えたり，内容や様子を思い浮かべたりする活動から，国語で理解し表現する資質・能力を育むことが重要である。

②1段階の目標と内容

1段階の児童は，「身近な人や興味・関心のある物事との関わりを繰り返しながら，その場面で用いる言葉が存在することや，言葉を使うことで相手の反応に変化があることに気付き始める段階」であり，「思い描いた事物や事柄を相手と共有し，自分の思いを身近な人に伝える」ための国語を身に付

けることが重視されている。この段階の児童は、話し言葉の獲得の過程にあることが多い。児童が言葉による話し掛けに慣れ、模倣して話すよう促すことが必要である。このため、教師は、児童が言葉で「応答したことを賞賛」したり、「周囲の状況や前後の関係から児童が伝えようとしていることを推察」したり、「児童が文字に見立てて書いた形を事物と事柄などとを対応させる」などの指導を通じて、児童が必要な言葉を思い浮かべたり、言葉による関わりに意識を向けさせることが重要である。

③２段階の目標と内容

２段階の児童は、「身近な人からの話し掛けを聞いたり、真似をしたりすることを通して、言葉で物事や思いなどを意味付けたり表現したりするなどして、言葉でのやりとりができてくる段階」にある。このため、国語科では、「児童が日常生活の中で触れたり見聞きしたりする物事や出来事について表す言葉」を増やすことや「やりとりを深め」、言葉を通した人との関わりのよさを実感させることを重視している。「友達の表現」を聞いて、自分の考えと比較すること、「時間の経過などの大体を捉える」ことなどが内容に示されている。語彙の指導では、「事物の名前だけでなく、動詞や形容詞などを加えて、児童が自然に言葉に触れるようにする」ことが重要である。

④３段階の目標と内容

３段階の児童は、「身近な人や興味・関心のある物事との関わりを繰り返しながら、言葉を用いて、自分の思いや気持ちを伝えるだけでなく、自分のイメージや思いを具体化したり、相手とそれを共有したりして、新たな語彙を獲得したり、相手に伝わるように表現を工夫したりする段階」にある。このため、国語科においては、「経験したことを話したり、共感をもって聞いたり、相手に分かるよう工夫して伝えたりすることを通して、児童が言葉によって考えを深め、相手の話を受け止めていく」ための目標・内容の設定がされた。新しい語句や表現方法の獲得の意欲を育てることが重要であり、児童の興味・関心、日常生活や経験に即した内容の工夫が必要である。

(樋口普美子)

知的障害特別支援学校　各教科等

10 算数

1- 算数の目標及び内容に関する枠組み

1段階	「A数量の基礎」	「B数と計算」	「C図形」	「D測定」
2段階	「A数と計算」	「B図形」	「C測定」	「Dデータの活用」
3段階	「A数と計算」	「B図形」	「C測定」	「Dデータの活用」

2- 算数における目標及び内容の示し方

　段階ごとに目標を示し、その示し方については領域ごととしている。領域ごとに目標が示されることにより、教師は、「子供にとって何のための学習なのか」「子供は何を学習するのか」ということに対する理解を深められるようになるので、障害の状況や特性を踏まえた指導方法の一層の工夫を考えたり、子供にとって分かりやすい授業を組み立てたりする上で役立つ。

3- 算数における内容配列

　小学部算数科では、中学部数学科や小学校算数科との連続性や関連性を重視し、内容の系統性を見直し、全体的に整理している。特別支援学校小学部・中学部の内容を概観すると、次頁表のようになる。

4- 各段階における内容

(1) 1段階における内容

　1段階では、①具体物の有無に関すること（A数量の基礎、ア）、②ものとものとを対応させること（同、イ）、③数えることの基礎（B数と計算、

	小学部												中学部								
	1段階				2段階				3段階				1段階				2段階				
	A 数量の基礎	B 数と計算	C 図形	D 測定	A 数と計算	B 図形	C 測定	D データの活用	A 数と計算	B 図形	C 測定	D データの活用	A 数と計算	B 図形	C 測定	D データの活用	A 数と計算	B 図形	C 変化と関係	D データの活用	
特別支援学校のみに示す内容	●	●	●	●	●	●	●	●	●												
小学校学習指導要領 第1学年に関連										●	●	●	●								
第2学年に関連														●	●	●					
第3学年に関連																●	●	●		●	
第4学年に関連																	●	●	●		
第5学年に関連																					
第6学年に関連																					

ア），④ものの類別や分類・整理（C図形，ア），⑤身の回りにある具体物のもつ大きさ（D測定，ア）について指導する。

(2) 2段階における内容

2段階では，⑥10までの数の数え方や表し方，構成（A数と計算，ア），⑦ものの分類（B図形，ア），⑧身の回りにあるものの形（同，イ），⑨二つの量の大きさ（C測定，ア），⑩ものの分類（Dデータの活用，ア），⑪同等と多少（同，イ），⑫○×を用いた表（同，ウ）について指導する。

(3) 3段階における内容

3段階では，⑬100までの整数の表し方（A数と計算，ア），⑭整数の加法及び減法（同，イ），⑮身の回りにあるものの形（B図形，ア），⑯角の大きさ（同，イ），⑰身の回りのものの量の単位と測定（C測定，ア），⑱時刻や時間（同，イ），⑲身の回りにある事象を簡単な絵や図，記号に置き換えること（Dデータの活用，ア）について指導する。

(4) 特別支援学校学習指導要領のみに示している内容

上述の①〜⑤，⑥の一部，⑦〜⑫，⑯は，特別支援学校学習指導要領において独自に示す内容である。

（髙橋　玲）

知的障害特別支援学校　各教科等

11 音楽

1 - 音楽科の目標の改訂について

　今回の改訂において，音楽科の目標は育成を目指す資質・能力として，以下の三つの柱が示されている。
　「知識及び技能」の習得として，「曲名や曲想と音楽のつくりについて気付くとともに，感じたことを音楽表現するために必要な技能を身に付けるようにする。」と示された。音楽科において「何を理解しているか，何ができるのか」が目標として，明確に示された。
　「思考力，判断力，表現力等」の育成として，「感じたことを表現することや，曲や演奏の楽しさを見いだしながら，音や音楽の楽しさを味わって聴くことができるようにする。」と示された。これは「理解していること・できることをどう使うのか」を児童に気付かせ，児童が自ら考え，活動したり聴いたりする力を持てるように育成することが求められている。
　「学びに向かう力，人間性等」の涵養として，「音や音楽に楽しく関わり，協働して音楽活動をする楽しさを感じるとともに，身の回りの様々な音楽に親しむ態度を養い，豊かな情操を培う。」と示された。児童が音楽的な見方・考え方を働かせ，生活や社会の中の音や音楽と豊かに関わる体験を通して，児童が楽しく音楽に関わり，音楽を学習する喜びを得ることや，生活の中に音楽を生かそうとする態度を育むことにより，「何のために学ぶのか」を明確にした。
　また，1段階から3段階ごとの目標が新設され，教科の目標と合わせて三つの柱で整理して示された。

2 - 指導内容について

　特別支援学校学習指導要領小学部の音楽科の内容構成は，「A表現」(「音楽遊び」,「歌唱」,「器楽」,「身体表現」,「音楽づくり」)の5分野，「B鑑賞」の二つの領域及び[共通事項]で構成され，「A表現」の中に「音楽づくり」が新設され，三つの柱で各事項が示された。小学校には設定されていない「音楽遊び」「音楽づくり」「身体表現」のポイントは以下のとおりである。

【音楽遊び】　発達が初期の段階の児童に対して，音や音楽に気付くように，教材の選択や指導の手立てや環境の設定等を工夫し，音や音楽を感じて体を動かすこと，楽器の音を鳴らすことや声を出すことなど，わずかな動きを見逃さずに，やりとりを楽しみながら受け止め返していくことが求められる。

【音楽づくり】　児童が音を選んだり，つなげたりしながら教師や友達と一緒に簡単な音楽をつくることをねらいとし，声や生活の中の様々な音の特徴や面白さに気付き，自分から表現してみたいと思うように指導を工夫することや発想を生かした表現を即興的に作る技能の習得が求められる。

【身体表現】　リズムの働きが生み出すおもしろさを感じとりながら教師や友達と一緒に身体表現することなどをねらいとし，児童の身近な物やイメージを持ちやすい題材の選択や，児童によっては，児童の動きに合わせて音や音楽を付けていく方法から徐々に課題的な内容にするなど，児童が主体的に表現したいという思いをもてるように指導を進める必要がある。

　今回は小学部学習指導要領との関連性，連続性を持たせながら，内容の例示も詳しく作成されている。児童の障害の状態や発達段階に合った内容を解説書の例示を参考に指導計画の中に組み込むことができるが，指導者が児童の状態や発達段階を適確に捉え，個々の目標を達成するために指導内容を計画し，実践することや，音楽の特質を生かして，交流や共同学習などの参加も望まれる。音楽科においても，音楽の特質を生かしながら，「どのように学ぶか」が求められ，教師の専門性が期待されている。　　　(山本久美子)

知的障害特別支援学校　各教科等

12 図画工作

1 教科の目標について

　目標は「表現及び鑑賞の活動を通して、造形的な見方・考え方を働かせ、生活や社会の中の形や色などと豊かに関わる資質・能力を次のとおり育成することを目指す。」として次の三つの柱から整理して示している。(1)「形や色などの造形的な視点に気付き、表したいことに合わせて材料や用具を使い、表し方を工夫してつくることができるようにする。」(知識及び技能)、(2)「造形的なよさや美しさ、表したいことや表し方などについて考え、発想や構想をしたり、身の回りの作品などから自分の見方や感じ方を広げたりすることができるようにする。」(思考力、判断力、表現力等)、(3)「つくりだす喜びを味わうとともに、感性を育み、楽しく豊かな生活を創造しようとする態度を養い、豊かな情操を培う。」(学びに向かう力、人間性等)。

2 内容の改訂の要点

　内容の構成を「A表現」「B鑑賞」及び〔共通事項〕の構成に改めている。「A表現」と「B鑑賞」は本来一体である内容の二つの側面として、図画工作科を大きく特徴付ける領域である。「A表現」は、形や色、材料などに関わりながら、つくったり表したりする造形活動を通して、「知識及び技能」や「思考力、判断力、表現力等」の育成を目指す。「B鑑賞」は、自分の感覚や体験などを基に、身の回りにあるものや自分たちの作品などを見たり、自分の見方や感じ方を深めたりする鑑賞活動を通して、「思考力、判断力、表現力等」の育成を目指す。〔共通事項〕はこの二つの領域の活動において

共通に必要となる資質・能力であり指導事項として示している。

3 - 各段階の目標と内容の重層構造

・「各段階の目標」

教科の目標を受けて児童実態に応じた三つの段階の目標が設定されている。各段階にも教科の目標と同じく三つの柱で構成された目標がある。

・「各段階の内容」

各段階の目標を受け，その目標を目指した活動内容と指導内容である。

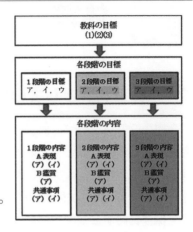

A表現は(ア)(イ)，B鑑賞は(ア)の項目で構成。(ア)は「思考力，判断力，表現力等」(イ)は「知識及び技能」の技能の部分を表している。共通事項は(ア)(イ)で構成され，(ア)は「知識及び技能」の知識の部分を，(イ)は「思考力，判断力，表現力等」を表している。

4 - 指導計画の作成と内容の取扱いの要点

指導計画の作成の配慮点として，児童の主体的・対話的で深い学びの視点からの授業改善を図ることや他教科や特別活動等との関連を図り，総合的に活動することで，指導の効果を高めることなどを示している。内容の取扱いについては，造形活動において，材料や用具の安全な使い方について指導することや，活動場所を事前に点検するなどして，事故防止について徹底すること，学校や地域の実態に応じて，校外に児童の作品を展示する機会を設けることなどを示している。これらのことに留意しながら指導計画を作成していくことが重要である。

（三上　宗佑）

知的障害特別支援学校　各教科等

13 体育

1 -「体育科」としての目標の示し方について

　今回の改訂において，教科の目標を達成するために，以下の三つの柱から育成するように示されている。「知識及び技能」として，「遊びや基本的な運動の行い方及び身近な生活における健康について知るとともに，基本的な動きや健康な生活に必要な事柄を身に付けるようにする。」と示された。体育・保健に関する知識や技能等の獲得「何を学ぶか」が目標として明確になっている。

　「思考力，判断力，表現力等」として，「遊びや基本的な運動及び健康についての自分の課題に気付き，その解決に向けて自ら考え行動し，他者に伝える力を養う。」と示された。これは，体育科の中でも主体的・対話的で深い学びを通して，質の高い理解を図ったり，自ら考え活動する力を獲得したりすること「どのように学ぶか」が求められている。

　「学びに向かう力，人間性等」として，「遊びや基本的な運動に親しむことや健康の保持増進と体力の向上を目指し，楽しく明るい生活を営む態度を養う。」と示され，体育科の目標にある豊かなスポーツライフを実現するための資質や能力と大きく関係していると思われる。小学部の段階で運動に慣れ親しみ，するだけではなく，見たり，知ったり，応援したりなど，運動やスポーツを生活の一部として捉えられるようにすること「何ができるようになるか」も獲得する力として重要になってくる。

　各段階において育成を目指す資質・能力を明確にするために，段階ごとの目標も新たに設定された。

2 - 「体育科」としての内容の示し方について

　これまでの特別支援学校学習指導要領小学部体育科の内容では，①「基本的な運動」，②「運動遊び」ならびに「いろいろな運動」，③「きまり」ならびに「きまり・安全」の3観点で示されてきた。解説の中には，いろいろな体の動きや種目の例示が示されており，教師が児童の実態や発達段階に合わせて取扱う内容をそれぞれ選定し，指導に当たることとなっていた。今回の改訂では，内容を3観点から構成するのではなく，6つの運動領域と保健領域から内容を示し，指導する内容がより明確に分かりやすく示されている。これは小学校体育科の内容との連続性・関連性を踏まえ，小学部段階の目標を達成しているなどの特に必要性がある場合は，小学校学習指導要領の目標や内容を参考に指導することができるように取扱いに柔軟性をもたせることができると考えられる。

3 - 内容の取扱いについて

　内容については，「体つくり運動系」「器械運動系」「陸上運動系」「水泳運動系」「ボール運動系」「表現運動系」の6つの運動領域と「保健」の保健領域から構成されている。従前との相違点として，小学部段階から「保健」を取扱うことが示されており，更に「体つくり運動系」とともに，6学年にわたって取扱うこととされている。「保健」は従前の生活科で示されていた「健康・安全」のうち「健康管理」の内容を取扱うこととなった。そのため，生活科の「基本的生活習慣」や「安全」などとの関連を図り，指導効果を高めることが重要になってくると考えられる。

　実際の指導内容は，従前どおり教師が児童の実態や発達段階等と照らし合わせながら内容を考えていくことになるが，解説にはこれまでよりも具体的な指導内容の例示が示されると思われる。これは，あくまで例示であるため，指導する教師が例示を参考に内容を考え，目標に沿った内容を的確に設定することが重要となってくる。

(増田　知洋)

知的障害特別支援学校　各教科等

14 外国語活動

1 - 外国語活動新設の趣旨

　今回，中央教育審議会の答申を踏まえ，小学校の中学年に外国語活動が導入された。これは，中学年から「聞くこと」「話すこと」を中心とした外国語活動を通じて外国語に慣れ親しみ，高学年から文字を「読むこと」及び「書くこと」を加えた総合的・系統的な教科学習を行い，中学校への接続を図ることを重視することが求められたからである。知的障害のある児童においても，「例えば，外国語の歌詞が一部含まれている歌を聞いて楽しんだり，外国の生活の様子を紹介した映像を見て楽しんだりするなど，日常生活の中で外国の言語や文化に触れる機会が増えてきている」ことから，今回の小学校外国語活動の改善を踏まえ，外国語活動を教育課程に位置付けることとなった。

　なお，知的障害のある児童の学習の特性等を踏まえ，以下の配慮を行っている。

○「聞くこと」「話すこと」の領域別の目標は示さない。これは，言語活動や行動などを指標とした目標を一律に設定することが知的障害のある児童の実態や学習の特性にそぐわないことから，指導計画を作成する際に適切な目標を設定することができるようにしたものである。

○小学校の「話すこと」のうち［やり取り］と［発表］とを総合的に扱うこととし，「聞くこと」「話すこと」の二つの領域の言語活動を設定した。

○取り扱う内容は，知的障害のある児童の興味・関心のあるものや日常生活と関わりがあるものを重視した。

【参考】『特別支援教育要領・学習指導要領説明会　配付資料』平成29年7月（文部科学省）

2 ― 外国語活動の目標及び内容

①外国語活動の目標

　小学部の外国語活動の目標である「コミュニケーションを図る素地となる資質・能力の育成」は中学部の外国語科と同じであるが，これは高等部の外国語科の目標「コミュニケーションを図る基礎となる資質・能力の育成」につながる。また，「外国語や外国の文化に触れることを通して」育成するとは，児童が障害の状態によっては聞くこと，話すことの言語活動が困難である場合もあるため，音声によらない言語活動等の工夫が必要だということである。

②内容

　「知識及び技能」では，言語を用いてコミュニケーションを図る楽しさや，英語の音声やリズムに慣れ親しむこと，日本と外国の生活や違いを知ること等を示している。児童が日常生活で体験している日本の文化と異文化との比較により，その違いを体験的な活動を通して知ることを重視している。

　「思考力，判断力，表現力等」では，身近で簡単な事柄について，見聞きしたり相手の働きかけに応じようとしたりするなど，伝え合う目的や必然性のある場面でのコミュニケーションを重視している。児童の実態によっては発話ではなく表情や動作などで応じる場合も考えられるが，このような相手の働きかけに応じようとするコミュニケーションも大切にし，児童が外国語によるやり取りの様子を見聞きする機会の設定が大切であるとしている。

③言語活動及び言語の働きに関する事項

　聞くことや話すことでは，「既に経験している活動や場面」や「既に知っている物や事柄」など児童にとって身近でなじみのある活動を設定することが大切である。その際，国語科における言語の使用やコミュニケーションの様子など児童の実態や経験，興味・関心などを考慮し，知識として語句や表現を与えるのではなく，音声と事物を結びつける体験的な活動を通して，児童自身がその意味を理解し語句や表現に慣れ親しんでいくことが求められている。

　　　　　　　　　　　　　　　　　　　　　　　　　（日下奈緒美）

4章 これから求められる特別支援教育の実践

通常の学級

1 音読のつまずきから学習意欲が低下している子への指導

1 – はじめに

　本事例は，クラス全体ではユニバーサルデザイン（以下 UD）の視点を活かした学習指導をベースにし，苦手さのあるA児には個に特化した支援を行うことで，音読する力や計算力が向上し，自信をもって生活できるようになった事例である。UD の授業では，「視覚的にひきつける，解決を見通す，みんなの意見をつなげる」の三視点を授業に位置付け，どの子も伸ばす授業改善に取り組んできた。教材教具の工夫や学習体験する機会を積極的に設けるなど個に特化した支援を充実させた。

2 – 対象児について

(1)対象児の実態

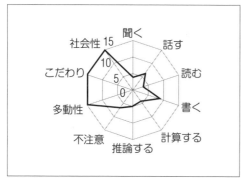

図1　4年生6月

　対象児（以下A児）は4年生，知的発達の遅れはない。漢字の読みは2年生程度であり，長文は文節を意識せず勝手読みやたどたどしい読みが目立つ。聞き漏らしや指示内容を理解できないこともあり，学習意欲が低く学習への参加率は低い。イライラして友達とトラブルになることがある。A児の実態は図1（担任による評価）に示した。

このような実態からA児の目標を次の2点とした。
(2)対象児の目標
①音読に自信がもてるようにする。
②学習への参加率を高める。

3-4年　国語科『ごんぎつね』（物語文）

　A児の特性からくる音読と注意の困難さ，二次的に生じたと思われる学習参加意欲の低下について次のような支援を実施した。
(1)音読への抵抗を軽減する

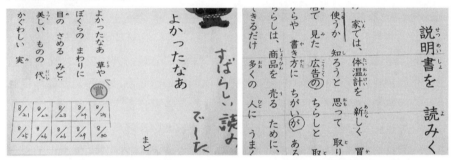

資料1　ルビ付きの詩　　　　　資料2　間違いやすい個所

　A児は，当該学年の漢字が読めないために，国語科の音読が難しかった。そこで，デジタル教科書のルビ付き教材（特別支援用）を活用し（資料1・2）音読の練習を行った。文節に区切り，文章を正確に読むことや，主語，述語を意識して読む練習を行った。保護者にも協力を依頼し，家庭学習の音読はルビ付きを使用し，音読練習の様子を見守ってもらった。最初は詩など負担の少ない課題で自信をつけてから，当該学年の単元で練習を重ねた。
(2)学習への参加率を高める
①導入場面　A児は読むことに苦手意識があるが，視覚的に提示された教材は必ず注目するので，電子黒板や場面の挿絵，短冊カードを積極的に活用し，注意をひきつけた（写真1）。「しかけ」と称して，意図的に挿絵と文章を間違えたり，文章の並べ替えをしたりする活動を授業の始まりに取り入れ，学

習への注目や意欲関心を高める取組を行った。A児には自分で操作できる挿絵と短冊を手元におき，挿絵と短冊をマッチングさせることで，全体のあらすじを捉え見通しがもてるようにした（写真２）。

写真１　場面挿絵と短冊

写真２　A児個別操作版

②**展開の場面**　学級担任が言葉かけをしやすいよう最前列中央に座席を配置し，学級担任は一斉の指示の後にA児には個別に言葉かけをし，活動の促しや教示，称賛の言葉かけを随時行った。また，A児は自主的に挙手して発表したり黒板に出て自分の考えを発表したりするという経験が少なかった。そこで，教材を並べたり見せたりする活動や，カードの並べ替え等心理的な負担の少ない活動に積極的に取り組ませた。

資料３　ラクダシート

自力解決場面では，ワークシートを作成活用した（資料３）。このワークシートは表面と裏面の両面で使えるように工夫し，一面はヒント付き（ラクダマーク）にした。ヒント付きワークシートを使用するかしないかはA児の選択に任せ自尊心に配慮した。書字の軽減を図ると同時に，視覚的に注目すべき内容や指示が理解できるようにした。

比較検討場面では，A児は友達に働きかける様子が見られないので，ペア学習やグループ学習の形態を取り入れ意見をつなげる活動を行った。ペア学

習は隣の座席の児童と2人1組になり，話し手と聞き手に役割を分担し交互に意見を交換する。全員起立し，意見交換が終了したら着席する，というような身体を動かす活動を取り入れた（写真3）。

写真3　ペア学習

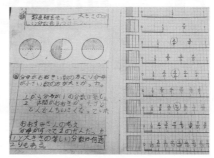

資料4　算数ノート

③終末・まとめの場面

まとめは，ワークシートの中に記述するスペースを設け，見通しがもてるようにした。ごんの気持ちを数値化したり，書き出しを提示したり，ごんの心情の変化が読み取れるようにした。

4- おわりに

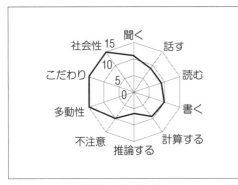

図3　4年生3月

学習への意欲が向上しただけではなく，学級の様々な活動に積極的に取り組む姿が多くなってきた（図3・資料4）。A児は，「いつも読めないので先生にさされないように下を向いていたけど，勉強が楽しくなってきた。」と述べている，「わかる」ことは，A児の学習意欲を喚起し，心理的な安定につながっている。

（海老原紀奈子）

通常の学級

2 一斉指導では，指示が理解しにくい子への指導

1 - はじめに

　入学前に，一人一人の児童の様子については，幼稚園や保育園に児童支援専任教員や養護教諭，1学年の担任が聞き取りに行き，入学してから配慮が必要な児童についての話し合いを行っている。

　また，就学時検診では，児童の様子を観察して，校内委員会で話し合いをする体制をとっている。それらをもとにクラス分けを行っている。

　しかし，A児は入学してから，学級の中で話を理解できないことが多く，周りの児童の様子を見ても行動に移すことが難しい様子が見られた。入学前の資料もなく，様子が分からず，つながっている関係機関もなかったため，入学してから校内委員会でA児と担任へのサポートを行っていくことになった。

2 - 対象児について

　入学前には，保育園や幼稚園などの集団生活の経験がなく，母親と二人で児童館や公園などで毎日を過ごす生活をしていた。

　小学校への体験入学も行っていないため，就学時健診のときには，1年生の教室に興味津々で，気になるものは手に取ったり，飼育している生物を触ったりして興奮している様子であった。小集団で教室移動をするときも気になるものを発見するとすぐに走り出して見に行くなどの様子が見られた。

　そこで，入学してから1か月の様子を担任と児童支援専任教員が観察し，アセスメントを行った。

次の表は，個別の教育支援計画の一部だが，この表にＡ児の様子を記入していった。

その結果，本人が困っていることは何か，少しずつ分かってきた。一番困っていることは，先生が何を言っているか分からないことで，何を，どうすればよいのか，行動に移すことが難しいことであった。そこで次のような配慮を実践した。

個別の教育支援計画

3 − 視覚的支援

①靴箱や傘立ての自分の位置を知る。それぞれの名前が靴箱に記されているが，どの場所か迷うので，名前の横に，シールをつけて靴を入れる場所がすぐに分かるようにした。また，傘立ても学年ごとに同じ場所にあり，どこに入れたらいいのか混乱してしまうため，靴箱のシールと同じシールを傘立ての自分の位置に貼り，すぐに分かるようにした。

その結果，登校後は迷うことなく，自分の靴箱に間違えずに靴を入れることができるようになり，傘も迷うことなくスムーズに入れられるようになった。

靴箱や傘立てに自分のマーク

②登校後，ランドセルをロッカーに入れるときにどの向きでランドセルを入れたらいいのか迷うので，写真をつけて見て分かるようにした。

その結果，友達のランドセルの入れる向きと同じように，そろえて入れ

提示した写真

ロッカー

ることができるようになってきた。

③配布物を連絡袋に入れるときに、どのプリントが配られているかを確認しながら入れるように黒板に提示した。
更に、担任が、必ず連絡袋に入れたか、目で確認をした。

④授業を始める前に、iPadで姿勢をテレビに映しながら、教科書を読むときに良い姿勢に気を付けるよう声をかけた。また、良い姿勢ができた友達がテレビに映しだされたことで、自分も良い姿勢になろうとするようになった。

⑤資料をテレビに映し、どの場面を学習しているのかを、映像で理解できるようにした。音読のときは、教師はどこを読んでいるか、指で確認しながら全体指導を行うことができる。

その結果、どの場面を学習しているかを目で確認できるので学習意欲が高まり、自分の意見を発言することが増え

てきた。

⑥教室を移動するときには，いつも友達とバディを組み，移動するように声をかけた。その際，黒板には，行く場所の写真を掲示して，どこに行くのかを本人が理解できるようにした。

　繰り返し行ってきたことで，一人で好きなところに行くことがなくなり，目的の場所まで集団で動くことができるようになった。

4 − 教師としての心がけ

　A児がどんな場面で困っているのかを把握し，一人でもできるようになることを目指して支援を行ってきた。

　教師が日々の学級の中で指導する取組としては，下記を心がけた。

- 最初に興味を向けさせる
- ゆっくり話す
- 何を，いつ，どうやるか，その学年に合った分かりやすい言葉で伝える。
- 全体の中で指示を出した後，もう一度みんなで復唱する
- 絵や写真，実物を使ってやり方を伝える
- 指示を出すときには一つの指示を出し，できてから，次の指示を出す

　A児は，集団の中にいると，興味関心が様々なところに移ることで，集中しにくい様子もある。また，教室内の掲示物に注意がいき，教師の指示が入りにくくなることもある。学級全体が安心して学習に取り組んだり，仲良く遊んだりすることができるようになるためには，児童を取り巻く環境を再度見直すことが必要であると考えた。

（大谷　珠美）

通常の学級

3 様々な生活場面における困り感がある子への指導

1 - 対象児について

　A児は知的な遅れはなく，集団の中でも友達と一緒に行動することはできるが，学校生活の中ではいくつかの下記のような困り感をもっていた。
・係の仕事の内容と順番を忘れてしまう
・給食の好き嫌いが激しい
・些細なことで友達とけんかになる
・変化に弱く，学校行事などは苦手
　そこで，それぞれの困り感を少しでも改善できる工夫はないかと，校内支援委員会で話し合いをもち，指導に当たった。

2 - 係の仕事内容と順番を理解するために

≪掃除の場合≫
①掃除の場所と，その掃除場所の仕事分担，何班が行うか，を掲示した。

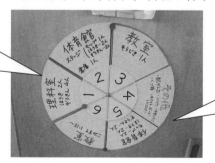

6班に分けてそれぞれの班がどこの掃除場所か分かるようになっている。

使う掃除用具とその人数が示されている。

　これを見ると，自分の班が今週はどこの掃除場所か分かるようになってい

る。そして，掃除用具は何を使い，何人がその担当かが分かるようになっているため，いつも自分の好きな掃除用具を使うことはできなくなり，みんな同じように掃除をするということを，理解できるようになった。

②更に，誰が何をするか分かるように，廊下の壁に表を掲示した。特に一人一人の作業が分かるように1か月の分担表を作成して自分はどこの掃除場所で何をするかが，この表を見て確認することで理解できるようになり，掃除をやらないということがなくなってきた。

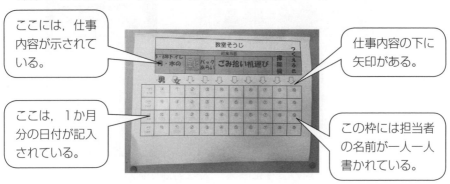

≪給食≫

③給食当番のときには，白衣を着るときの注意点や白衣のたたみ方の図を見るように声をかけた。

この図を見ることで，最初に自分でチェックをして，用意ができたら友達

同士での確認を行い，給食当番の仕事に取り掛かることができるようになった。

注意をされても，気を付ける点を具体的に指摘されるので，納得してやり直すことができるようになった。

④給食当番になったときに，どの仕事をしたらいいか，自分で確認できるようにした。

この枠には担当者の名前が一人一人書かれている。

上の表は，掃除のときのように一人一人の名前が記入されており，どの仕事をするのかがすぐに分かるようになっている。

右の表は，主に低学年で使っており，一週間同じ仕事をすると，ほかの仕事もやりたくなってしまうA児に対応して，毎日，仕事が変わっても自分は何の仕事か分かるように名前カードが取り外しできるようになっている。

一日ずつ横の仕事にずれていくので，明日は何の仕事をするのか，見通しをもつこともでき，やりたいことだけにこだわることも減ってきた。

また，好き嫌いがあっても，給食当番のときに，調理員さんから「モリモリ食べてね。」などと声をかけられることで，少しずつ口にするようになり，食器を返却したときに「頑張って食べられたよ。」と報告をするなどコミュニケーションをとることもできるようになってきた。

3 落ち着いて生活できるようにするために

A児は些細なことで友達とトラブルになったり，多くの人がいる場所で一

緒に行動することに苦手さをもっていたりするために，落ち着いた気持ちで生活することが難しい。自分の気持ちをうまくコントロールすることができないために，思ったことをすぐ口に出してしまうことが多く，友達とトラブルになる。また，友達から見られている，悪口を言われているのではないか，という不安を常にもっているので，集団の場が苦手である。

≪安心できる場の確保≫

友達の目が気になり，気持ちが落ち着かなくなったときには，授業中であっても，担任にリソースルームや特別支援教室に行くことを伝えて教室を出るようにした。一人になって少しの時間を過ごすと，落ち着いてまた，自分から教室に戻っていく。リソースルームには教員がいるが，あえて積極的に話を聞くことはしないで，本人が話したくなるまで待つ体制をとっている。

リソースルームの中。

テントを使うこともある。

衝立が両脇にあり，一枚ずつをファスナーで連結できるので一人の空間を作ることができ，誰にも見られないという安心感がもてる場になっている。

≪つなげる≫

落ち着いて話せるようになったときにはコーディネーターが声をかけ，イライラしたときの様子を気持ちに寄り添いながら聞き，そのときにはどうすれば安心できる気持ちになれたのか，その方法を一緒に考えるようにする。そして，次に同じようなことが起きそうになったときには，どうしたらいいのかを考え，実行に移すように促す。

教師は，保護者とも連携をとって指導にあたり，1年間のスパンで支援の方法を考え，全教職員で関わるようにしている。

（大谷　珠美）

特別支援学級

4 学習上又は生活上の困難を克服し自立を図る指導

1 はじめに

　身辺処理を中心とした生活習慣の確立，定着を通して，主体的な姿を引き出し，学習経験の建設的な積み重ねを図った指導事例である。

2 対象児について

　A児は，知的障害特別支援学級の2年生で，中軽度の知的障害がある。元気で活発に活動はするが，身辺処理や基本的な生活習慣にかかわる行動等が，なかなか定着しない。できないこと自体も課題であるが，就学前から周囲の支援者に任せ，依存的に過ごしてきたため，自ら取り組もうとする意欲が低い。依存的であるために，「できた」「わかった」という手応えや実感も得られず，学習面においても持っている力が最大限生かされていない状況がある。

3 A児を自立へつなげる指導のポイント

○自分の力でできることを増やし，意欲や自己肯定感を高める。
○必要感や意味を感じながら，物事に自分から取り組む姿を育む。
○生活力や意欲の向上により，A児の経験や活動を広げていく。

　知的障害特別支援学級の指導において，児童の身辺処理を中心とした基本的生活習慣の確立・定着を図るプロセスは，児童の主体的な態度を高め，物事に取り組む土台を築く良い機会となる。このA児自身の困難さへの指導や支援は絶好のチャンスになると捉え，指導を展開していった。

4 - 個別の指導計画の作成

①A児の実態把握と共通理解
(1)これまでの指導計画や評価，変容の記録等を振り返り，現在のA児の実態を把握するとともに，これまでの個別目標や指導，支援の妥当性を担任間で確認した。就学支援シートや就学前施設での記録等も参考にした。
(2)身辺処理や基本的な生活習慣に関わるチェックシートを用い，日々の行動や支援の中で，より具体的に現状を捉えた。
(3)保護者の協力を得て，身辺処理等について家庭でのA児の様子を把握した。
(4)担任間で協議をし，A児についての実態や重点課題，個別目標，指導・支援の手立てについて確認し，個別の指導計画へ反映させた。

②一貫性・継続性ある支援体制づくり
　作成した個別の指導計画がA児にとって有効で，意味あるものにするために，個別の指導計画を基にした一貫性・継続性のある支援体制での実践になるよう心がけた。担任間及び保護者との連携協力体制は言うまでもない。その中で，児童の変容と評価を基に，個別目標や指導・支援の妥当性を検討し，必要に応じて修正を図った。また，特に身辺処理等ではポイントとなるのが，支援者側の支援，働きかけの一貫性である。もちろん，それぞれの支援者の持ち味はあるが，どこまで自分でやらせるのか，どこから支援者が働きかけをするのか。ここに一貫性がないと，児童の力はなかなか高まらない。

③A児の個別の指導計画（身辺処理・生活習慣に関わる内容）
　目標と指導支援の手立ては次のページのとおりである。

5 - 指導の実際

　当初，A児は戸惑いや抵抗感を示した。大人が手伝ってくれない，自分でやらなければいけない，そんな状況に抵抗感を示し，頑なにやろうとしないこともあった。しかし，こつこつと働きかけ，粘り強く指導場面を積み重ね，小さな変化，小さな一歩を見逃さずに記録し，共有し，支援者・保護者の楽

A児の個別の指導計画（身辺処理・生活習慣）

個別目標	○生活の流れや周囲の状況が分かり，自分から取りかかろうとする。 ○衣服の着脱で必要な技能を高め，自分でできることを増やす。 ○自他の区別をつけ，自分の荷物への意識をもって出し入れする。 ○自分でできた実感や手応えを味わい，意欲的に生活する。
指導支援の手立て	〈環境作り・構造化の視点〉 ・A児が使うロッカーや引き出しなど，使い方が分かりやすくなるように工夫する。（使い方の指導・視覚的な印やガイドを提示） ・クラスの活動として一日の生活の中に，必然的に衣服の着脱を行う場を複数回設ける。着替えることの必要感や周囲の人たちの動きを意識しながら着替える場を積み重ねさせる。 ＊自分で取りかかろうとする姿を引き出す。 ・生活班の中で上級生とのペアを作り，子供同士の関わり合いの中で取り組む場面をつくる。 ・ボタンの大きさや数，チャックの形状，前後の分かりやすい服等，A児が頑張ればできるものを選んだり，工夫したりする。 〈技能面に関わる視点〉 ・各学習の中で，手指の使い方や巧緻性を高める作業を行う。 ・個別に，自立活動でボタンの着脱や指先のトレーニングを行う。 ＊目と手の協応動作に重点をおく。 〈意欲・取り組み姿勢の視点〉 ・スモールステップで具体的目標を立てる。「がんばりカード」でできたことを評価し，意欲を高める。 ・自分でできることは，粘り強く本人の取組を見守る。集団の活動から大きく遅れないよう注意する。 ・着替えの後の活動が，A児にとって楽しく，充実したものになるよう支援する。着替えの先にある見通しを感じられるようにする。

しみとした。

　ロッカーや机の引き出しの使い方等を構造化したことにより，必要な物を出したり，正しい場所に戻したりするようになってきた。

　衣服の着脱については，「行き帰りの服」「体育着」「活動着」に着替える場を一日の流れの中に必ず設定し，Ａ児の見通しを高めるとともに，周囲の状況も意識しながら，自分で取りかかろうとする姿が見え始めた。できることは増えてきたが，時間がかかってしまう，気分にムラがある，という課題があり，集団活動から逸脱しすぎないよう配慮しながら，支援者間で支援の質と量を工夫・調整した。

　保護者も協力し，Ａ児が着替えやすいものを選んで衣服を用意してくださった。市販の服で適当な物が見つからないときは，ボタンやボタンホールを手直ししてくださった。

　Ａ児は，大人の支援は受け入れにくかったが，好きな上級生からの支援は喜んで受け入れていた。この関係をうまく生かしながら，子供同士の関係の中でやり遂げていく場，一緒に次の活動に移動していく場を増やすことができた。それによって，Ａ児に意欲をもたせ，身の回りのことに取り組むことの必要感を高めることができた。

　「がんばりカード」は，着替えや荷物の整理など，目標が達成できたときに自己評価するツールとして活用した。最初は，なかなか関心が高まらなかったが，自分でお気に入りのシールを貼れること，カードがたくさん貯まっていく手応え，周囲の友達からの称賛等が良い刺激となりＡ児にとって効果的なツールとなった。更に「カードにシールを貼る」という活動が，数の学習をする場面や言葉の語彙の学習等でも本人の意欲向上や主体的な学習態度につながる活動となっていった。

　苦労も多くまだ指導・支援のプロセスにあるが，粘り強い取組が，児童の主体的な姿を引き出すことができてきている。

　　　　　　　　　　　　　　　　　　　　　　　　（小島　　徹）

特別支援学級

5 各教科の指導
中～軽度の知的障害をもつA児への各教科の指導事例

1 ― 国語科における指導
言葉の理解が未熟で，読むことや文を書くことの苦手さへの配慮

①言葉を豊かにする指導
○授業では，語彙を増やすことを目標に指導をした。実物や写真，絵カードを用い，物や動作を中心に文字言語とのマッチングや生活経験との関連付けを図った。カルタのように使ったり，フラッシュカードのように使ったりと，いろいろな活用ができた。
○絵や写真は電子データ化して保存し，PCやタブレットで活用した。A児自身がタブレットを用い，主体的に学習を進めることもできた。
○文章を読む際，単語をまとまりで捉えることに難しさがある。単語を捉えやすくなるよう，単語を表す文字に色を付けたり，フォントを変えたりすることで，単語のまとまりを捉えやすくした。また，すき間なく書かれた複数の単語（3～5語）を，単語のまとまりで区切るトレーニングを個別に取り入れた。その際に扱う単語は，語彙としてA児が習得しているものであることに配慮した。

②文章の内容理解やイメージ化を高める指導
○読み聞かせ等を通して音声言語としてA児に聞かせ，文章に慣れ親しむ機会を設けた。文章の内容に合う挿絵を選択させたり，並べ替えをさせたりすることにより，楽しみながらイメージ化，理解を促した。
○挿絵や状況を表す絵を用い，どんな様子かを言葉で表現する学習をした。想像や予想したことを楽しく表現する活動となった。逆に，簡単な文章を

読んで，その内容を絵にしてみる活動も行った。A児の内容理解の状況を把握，評価するよい材料にもなった。
③**書くことへの抵抗感を軽減し，楽しく文作りをする指導**
○細かな文字を書くことが不得手なので，文字を書くノートやワークシート等の枠の大きさや行の幅等に配慮した。ワークシートも項目を多くせず，「1課題・1シート」のつもりで取り組ませた。できた枚数が学習の成果となり，A児の実感や達成感につながった。
○人や物，動作，様子を表す言葉を中心に文字カードにし，文字カードを組み合わせて文作りを楽しむ活動を充実させた。部分的に自分で書かせたり，できた文章を全て書かせたりすることで，書くことへの抵抗感が徐々に軽減した。特に導入段階では，A児の日頃の生活や興味・関心との関わりを意識した言葉をカード化するように心がけた。
＊国語の授業では，児童の実態に応じた学習グループを作って学習を進めた。個への支援や配慮をしながら，仲間と学習を共有できる場，環境づくりは重要である。
＊生活単元学習や日常生活の指導等，国語科で身に付けたことが様々な場面と関連付けながら，発揮されたり，新たな課題が見つかったりする。横断的な視点をもちながら指導，支援は進めたい。

2 - 算数科における指導
数の基礎概念が定着せず，計算や数を扱う活動の苦手さへの配慮

①**数と慣れ親しみ，算数への抵抗感を軽減する指導**
○数概念の形成や数処理の習得に至るプロセスは，発達段階や障害の特性，生育歴等によって多様である。児童一人一人の学習の足跡を把握し，その子に応じたステップで学習計画を立てていくよう努めた。
○日常生活の中で出会う「数」に関わる事項を意図的に取り上げ，A児自身と「数」との関わりや意味，必要感を日常的に味わわせた。算数で取り扱う課題も，A児の生活経験との関連付けを心がけた。

○ゲーム的な要素を取り入れ，楽しみながら「数」に触れさせた。トランプでは，マークを用いた仲間分けや数のマッチング，数の順番や大小などを扱った。すごろくでは，サイコロの工夫をすることで，10以上の数や，数の合成などに触れさせることもできる。自分の駒を進めることで，数の大小を実感として感じることができた。

②数を扱う活動を促し，理解を高める指導
○金銭（硬貨）を用いた学習を取り入れた。仲間分けや数の大小，十進法の基礎等について硬貨を扱いながら学ばせた。金額や収支計算は難しかったが，買い物のシミュレーション活動を楽しみながら，大体の金額が分かるようになり，金銭の感覚も身に付いてきた。
○個別に算数のプリントを行う際は，1枚のシートに載せる問題が多くならないよう配慮した。提示する問題を少なくすることで，見通しをもたせ，一つ一つやり遂げていく達成感を味わわせたいと考えた。

③ICT機器を活用した指導
○現在，児童の学習状況や特性を考慮したPCソフトやプログラムが提供されている。各学校の実情や環境に応じて活用を図りたい。
○A児には，数の合成と分解から，加法や減法の習得の段階でPCソフトの活用を図った。画面上で具体物が動き，数が合成されたり分解されたりする様子が直感的に捉えやすい。PC等を使う場合，マウス操作やキーボード操作の状況や，タブレットのタッチ操作の習熟状況を把握しておくことが必要である。
＊PCの活用や視覚的な提示は効果的であるが，児童自身が主体的に，そして十分に思考や判断，問題解決に取り組めるよう，ICT機器の活用方法については，常に検証しておく必要がある。

3 体育科における指導
筋力やボディーイメージの弱さから運動に積極的になれない事への配慮

①身体全体の発達を促す指導
○固定遊具や器具類を用いて各部位の筋力や体幹に働きかける動作を取り入れた。自重を負荷にして行う動物の模倣歩きなども行った。これは，ボディーイメージの向上にもつながった。
○体育では，「走る」「跳ぶ」「投げる」「蹴る」など，身体をダイナミックに使う粗大運動を中心に取り組ませた。ボール等は，A児の筋力等を勘案し，サイズを調整したり，空気を抜き扱いやすいようにしたりした。粗大な動きや「できた」という実感が意欲につながった。

②ボディーイメージを高める指導
○デジタル画像や動画を活用した。A児の体勢や動きを記録し，その場で見せた。動きの試行錯誤と画像で見る変容の様を，A児に実感させることが支援のポイントであった。
○動作や体勢に応じて効果的に擬音を結び付け，動きの感覚やイメージを実感させた。肯定的な言葉かけも心がけた。
○言葉だけで動きや体勢を取りにくい場合，具体的な目印等を設け，それを目安に活動できるようにした。（マット運動等の場合，お腹の辺りに付けた印を見ながら前転するよう促す，等）

③今できることを生かし，運動を楽しませる指導
○各運動においては，A児の能力に応じた課題や目標の設定をした。スモールステップで示し，達成感を味わわせるよう努めた。
○道具や扱う器具の工夫，ルールの工夫，教師による補助等を工夫しながら，A児が，仲間と共に運動に取り組める場づくりを心がけた。
○家庭で取り組める運動や動きを授業で取り上げ，日常的継続的に取り組める環境を作ることで，A児が身体を動かすことへの心地良さや楽しさを味わうことができた。

（小島　徹）

通級による指導

6 自立活動を参考にした指導
自閉症のある子どもたちへの小集団指導における
コミュニケーションプログラム

1 はじめに

　自閉症の中核障害は，対人コミュニケーションの障害で，自閉症の課題である人と言葉の関係によるつまずきは，人とのかかわりの中で指導する必要がある。そこで，小学校情緒障害通級指導教室にて行った自閉症の子どもたちへの小集団指導におけるコミュニケーションプログラムの取組を紹介する。

　通級による指導で参考にする特別支援学校の学習指導要領・自立活動は，障害による学習上又は生活上の困難を克服し自立を図るために必要な知識，技能，態度及び習慣を養う指導である。「個々」の障害の状態に応じて「個別的」に指導を行うものである。そのため，本指導でも小集団で指導は行うが，個々の子供のねらいをもって指導を行った。

2 対象児について

　情緒障害通級指導教室に通う４～５年生男子５名（ＡＢＣＤＥ児）は全て知的発達水準が平均の範囲にあり，医療機関にて自閉症に類する診断を受けている。この５名について，通級開始時に受けた在籍学級担任及び保護者からの主訴は，「人とのかかわりが一方的である，意見を適切に伝えられない，グループ活動に参加できない，分からないときに発信できない，助言の受け入れが悪い」などの対人コミュニケーションに関連する課題であった。

3 指導の実際

　そのため，小集団指導にコミュニケーション能力の向上を目指したプログ

ラム（以下，コミュニケーションプログラム）を実施した。

　小集団の指導期間は，4月から1年間で，合計25回の指導を様々なコミュニケーションプログラムを取り入れて行った。1回の指導時間は2時間で，主に，①始めの会，②コミュニケーションの時間，③図工課題または運動課題，④ゲーム活動，⑤終わりの会という流れで指導を行った。ソーシャルスキルトレーニングの技法を用い，認知的な学習と合わせて，行動的な学習ができるリハーサル場面を多く設定した。各時間では子供個々の「自分の意見を言う」「人の意見を聞く」「短くまとめて説明する」「助言を受け入れる」等ターゲットスキルを明確にし，具体的なめあてとして示して，事後評価の際にも活用した。プログラムはグループ活動を中心に実施したが，めあてや評価は，個々のターゲットスキルの獲得をねらって指導した。

4- 取組の実際①　〜声優ゲームの様子〜

　「声優ゲーム」の目的は，相手に伝える言葉の内容は，伝える速さや，声の大きさ，声の高さ，表情などにより，メッセージの意味が変わってくることを学ぶ。人とのコミュニケーションに自信のないC児は，抑揚のない一本調子の話し方をしていたので，周りからよく「元気がない」「暗い」と心配されていたが，この活動を通して，自分の伝え方の特徴が，周りにそのような印象を与えていたことに気付くことができた。

声優ゲームで話し方を教える
出題者は，「おはようございます」などのセリフを，いろいろな調子で言います。
解答者は，どんな調子かを当てます。

| 元気よく | 偉そうに | カタコトで | 眠そうに | お腹が痛そうに | びっくりして |

5- 取組の実際②　〜困りごと・アドバイス活動の様子〜

　1年間の小集団指導の終盤（22，23回目）に，「困りごと・アドバイス活動」を設定した。この活動は，各自が自分の日常生活の中の困りごとを1枚のカードに書き，他の友達はそれに対してのアドバイスをする。
　A児は，「足が遅いから，運動会で，いつもビリになるから運動会はい

表1　コミュニケーションプログラム

回	プログラム	内容
#1 #2	自己紹介 イエスノークイズ	前に出た人は，無言でイエスかノーの札を出す。他の友達が，イエスになるような質問を5つ考える。
#3 #4	話を聞く修行	3択クイズを最後まで聞いて答える。挙手し指名されてから発言する約束。
#5 #6	説得・納得ゲーム	相手に分かりやすい説明をするゲーム。一人ずつが，お題カードに書かれた言葉に合う選択カードを選び，説明する。親役が納得した意見を選ぶ。
#6 #7	お絵かきしりとり	言葉を発しないで，絵だけでしりとりをする。分からないときは，身振り手振りで，相手に確認するのはOK。
#8 #9	ブレーンストーミング	みんなで輪になり「○○○といえば□□□」で，言葉のリレーをする。
	カウントアップ	みんなで輪になり，1から20までの数字を一人一つずつ言う。言う人はランダムで，タイミングや様子を見る。
#10 #11	山手線ゲーム	みんなで輪になり，お題に合わせた答えを一人ずつ言う。
	絵スチャー	出題者は，カードに書かれてあるテーマに合う絵を描く。解答者が当てる。
#12 #13	早口言葉リレー	みんなで輪になり，生麦生米生卵などの早口言葉を，リレーする。かんだら振り出し，かんでも「どんまい」のルール。
	協力絵画リレー	座席を円にする。一人一枚の絵に5分間ずつ絵を描く。時間になったら右隣の人へ渡す。1周したら完成。
#14 #15	声優ゲーム	出題者が「おはよう」等のセリフを，様々な調子で言う。解答者はその調子を当てる。
	足し算じゃんけん	全員で，じゃんけんの手を出す。事前に決められた指の数に合わせる。
#16 #17	インパルス	輪になり，様々なものを隣に伝える。拍手，挨拶，視線，握手，笑顔など。
	数字でローカットハイカット	各自，1から100の数字を紙に書く。一番大きい数と一番小さい数を書いた人は，その数字を得点としてもらえない。
#18 #19	ふきだしカルタ	ふきだしマンガ1コマのカルタを使用。読み役は場面や表情を参考に，セリフをアドリブで表現する。取る役は，セリフに合うカルタを一斉に指さす。
#20 #21	ピンチきりぬけ 道具カードゲーム	親役（ピンチ役）が山札からピンチカードを引く。ヘルプ役は，道具カードを1枚使って，ピンチをきりぬける方法を考え発表する。親役がよい意見にポイントを与える。
#22 #23	困りごと・ アドバイス活動	各自が自分の日常生活の中の困りごとを1枚のカードに書く。友達は，それに対してアドバイスをする。活用できるアドバイスにコメントをする。

や。」という悩みをカードに書いて相談した。A児の悩みに対して、「朝、早く起きて近所をマラソンする」と『努力型』のアドバイスを送ったり、「他のダンスや係の仕事をがんばる」と『切り替え・諦め型』のアドバイスを送ったりするが、A児の表情はさえない。そんなとき、

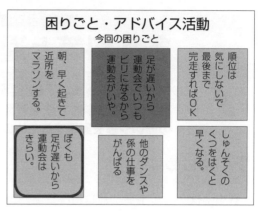

B児が「僕も足が遅いから運動会は嫌い」との意見を書いた。その意見を聞いたA児の表情はパッと明るくなり、「Bさんもなんだ〜。運動会って、能力の高いやつのためにあるみたいで、俺達には辛いよな。」と共感の言葉で返していた。そんなA児の姿を見て、彼の「相談」は『答え』を求めていたのではなく、『共感』を求めていたことに気付き、皆で「相談すること」と併せて「相談を受けること」について学ぶ機会となった。

6 - おわりに

　1年間の指導を終え、A児は、相手の話を最後まで聞くことや、他者の意見を参考にしながら自分の意見を考えることができるようになった。B児はグループ活動で、友達の意見を聞けるようになり、意見を譲ることができるようになった。C児は、グループ活動に参加できることが増え、休み時間には自分から友達に話しかける姿がみられるようになった。

　これらのように、自閉症の子供たちへ小集団指導におけるコミュニケーションプログラムを実施することで、対人コミュニケーションに関連した行動上の問題に改善がみられた。

（岡田　克己）

通級による指導

7 各教科等と通級による指導の連携した指導

「自分に合う学習方法を考える自立活動の時間」から「自分の願いや夢を実現するための自立活動の時間」を目指して

1 – はじめに

　B小学校からC小学校通級指導教室へ他校通級をしているLDのある小学4年生のA児へ個別指導を行った。

2 – 対象児について

①教育センター，医療機関からの情報を得る

相談主訴：クラスでの学習が困難。田中ビネーV（9歳11月）実施。IQ94。
医療機関による診断：LD，ADHD
WISC-Ⅳ（10歳6月）：FSIQ 93　VC 93　PR 100　WM 106　PS 81

②教育的アセスメントの実施

　各所での実態把握を行い，A児の特性を把握した。また，学習面における「つまずきの分析」をするため，指導1回目に国語・算数のノート，単元テスト，ドリル，連絡帳にて実態把握し，指導2回目にK-ABC（10歳1月），指導3回目に小学生の読み書きスクリーニング検査，指導4回目にカタカナ50音聴写を実施した。

〈各所での実態把握〉

本人の思い：「ノートを書こうとがんばっても，スピードが追いつかない。先生に黒板を消されて次に進んでしまうから，中途半端になってあきらめる。」「字を書くのをがんばりたいけど，たくさんあると気が遠くなる。」「僕バカなのかなと思うことがある。」
在籍学級の様子：ノートをうまく書けない。集団の学習ペースについていけ

ない。授業中，集中が難しくぼんやりしている。

家庭の様子：宿題をやるのに2〜4時間かかる。漢字が覚えられず毎週の10問テストで合格しないため再テストを繰り返し苦労している。

〈学習アセスメント〉

K-ABC：継次115　同時110　認知114　習得97（なぞなぞ89，読み78）

読み書き検査（書取）：ひらがな16／20，カタカナ7／20，漢字12／20

カタカナ50音表聴写：カタカナ聴写22／46　※半数が未記入であった。

	興味・関心	認知特性	行動特性
得意 強い，好き	図工，運動，料理 ゲーム，お笑い	有意味処理　パターン化， 音韻化，言語化，数的能力	真面目 明るい
不得意 弱い，嫌い	漢字，ノート 書字課題	言語表現力，処理速度 集中の持続	自信の喪失

特性の把握

3 − 通級による指導における PDCA

①在籍校における合理的配慮の提供

「宿題」：宿題の負担軽減を行う。宿題を他の子と同じ量で出すのではなく，ある一定の時間宿題に取り組むことを評価する。担任とA児で約束し，30分間程度で取り組める量に調節し約4分の1に減らす配慮をする。

「ノート記入」：担任が授業で板書する際にA児がどこまでノートに書くの

かを視覚的に示す個別的支援を行う（目安は5割程度）。

「漢字テスト」：100点満点中60点程度に個別の合格ラインを設定する。

②指導目標

以下，三つの目標を「めあて」としてA児と共有し，指導にあたった。
(1)自分に合う文字学習方法を身に付ける。
(2)興味・関心（工作，運動）を生かし，カタカナ文字の読み書きを習得する。
(3)ゲーム性のある活動を通して，漢字の部首の意味や構成分解を理解する。

③指導内容

指導内容は，漢字の基礎となるカタカナ文字の習得から指導をはじめ，その後，漢字の部首理解へと移行した。A児の学習意欲を高めるため，興味関心の高い工作活動や運動動作，ゲーム性のある活動を取り入れた。また，PDCAサイクルに沿って学習計画を立てることをA児自身に取り組んでもらい，話し合いながら学習計画を作成した。対話の中で「何ができるようになりたいか」「何を学びたいか」「どのように学びたいか」を問い，A児の思いや願いを取り入れながら，以下の指導内容を実施した。

〈オリジナルカタカナ作品を作ろう〉

様々な素材（竹ひご，モール，ストロー，靴ひも，粘土等）を使い未習得のカタカナ文字作品を作った。作品は額に入れ，教室に飾りつけた。

〈自分に合う漢字学習方法を見付けよう〉

繰り返し書き取る従来の学習方法ではなく，自分に合った学習方法を見付けるため，様々な学習方法を通して漢字学習を行った。「○○で漢字学習」を合言葉にし，「アイロンビーズで漢字学習」のように，モザイクチップ，

アイロンビーズで
漢字学習

ジェンガで
漢字学習

ティッシュボックスで
漢字学習

ペグさしで漢字学習

塗り絵，ティッシュボックス，プラバン，ジェンガ，レゴ，ペグさし，パズル，グラスデコ，間違い探しクイズ，足し算クイズ，部首トランプ，部首ビンゴゲームなどを活用した漢字学習方法を考え出し，意欲的に取り組んだ。

4 おわりに

①カタカナ・漢字学習の成果

カタカナ作りでは，「僕の好きな図工で苦手な国語の勉強ができるから面白い」と意欲的に取り組み，「苦労して曲げたほうがよく覚える気がする」と「竹ひご」を多く選び，その言葉通り習得することができ定着がみられた。

また，漢字の構成を，偏や旁，冠や脚に分解して理解できるようになり，記憶しやすくなったため，学習への抵抗が軽減し，意欲的に学ぶ姿が増えた。

②在籍学級での変化

担任とA児が話し合う場を設け，ノート記入やテストの合格ラインを個別に調整したことにより，A児の頑張りを直接認めてもらえる機会が増えた。毎週の漢字テストでは，ラップに合わせてリズムよく覚えるなど，自分なりに工夫して取り組めるようになった。年度初めに比べ，行動面の落ちつきが見られ，授業全般への取組が良好になった。

③自分に合う学習方法の模索による成果

1年間を振り返るなかで「先生たちが工夫して僕に教えてくれるから，僕もいい方法を考えてがんばって勉強したい」と述べ，「将来は料理人になりたい。覚えづらい文字を料理にして食べて覚えるのも面白い」と前向きに自分の将来の夢と結びつけて学習計画を立てるようになった。　　　（岡田　克己）

指導と支援の計画づくり

8 通常の学級：個別の教育支援計画の作成と活用

1 - はじめに

　個別の教育支援計画は，小学校だけの期間ではなく，将来の自立を想定した長期的な視点で，子供のライフステージを見通して立案される必要がある。その際，家庭や学校における生活だけでなく，地域のリソースも含めてどのような支援を得られる場や機会があるのか，十分吟味をしなければならない。

　また，通常の学級で立案する場合は，担任だけでなく，校内の管理職，特別支援教育コーディネーター等によるチームによる検討が望ましい。

　そして，通級による指導や特別支援学校のセンター的機能等，学校教育における支援はもとより，心理，福祉，保健，医療等，子供を支援する様々な機関と連携することが必要である。本章では二つの事例を取り上げる。

2 - 事例　3年生男子　A児

(1) **障害種**：肢体不自由

(2) **実態把握**

　脳性まひにより，歩行や立位に不安定な状態があり，両脚に補装具を付けているが，時間がかかっても，自力で歩行しようとする意欲がある。

　また，まひのために，手先を細かく動かすことや，素早い構音も苦手であり，体育等の実技では，皆と同じ課題で参加できなかったり，作業を伴う学習活動では他の児童より時間がかかったりする。更に，校外活動等では，安全面の配慮等から，保護者及び地域のボランティアが付き添うことがある。

　通常の学級では，A児は明朗で話し好きであり，友達関係も良好である。

学力はおおむね学年にふさわしいものが身に付いている。明るく生活している一方で，家に帰ると，自分ができなかったことについて母親に訴えることもあるという。

(3) A児への支援

　通常の学級では，書字に時間がかかるため，タブレットによる板書の撮影等の合理的配慮を行っている。

　地域に肢体不自由児童のための通級指導教室はないが，放課後等デイサービス機関に通い，作業療法，理学療法，言語療法などを受けている。

3 事例　1年生女子　B児

(1) 障害種：ADHD，LD

(2) 実態把握

　学習場面では意欲的で，担任の発問に対して誰よりも先に答えたがるため，友人から「順番を守って」と指摘され，トラブルになることが多い。保育園からも引き継ぎを受けていたが，入学当初から衝動性や多動性があり，授業や行事の際に列や自席から離れてしまうこともあった。担任の話を聞き逃してしまうことや，最後まで聞かずに行動するため，誤りが多くなり，後から気付いてくやしがることが多い。文の読み飛ばし，読み誤りも多い。

(3) B児への支援

　学校配置のスクールソーシャルワーカーが，特別支援教育コーディネーターとともに，本児の就学前の情報を保育園等から聞き取り，医療や福祉機関との連携，通級における指導の必要性を学校と保護者に伝え，関係者会議を実施した。その後すぐに保護者は医療機関を受診し，注意欠陥多動性障害の診断を受け，服薬を開始した。学校では，通級による指導を行うとともに，通常の学級においても，個のめあての提示や評価を視覚的に行う「がんばりカード」を用いて行動の振り返りや，行事や活動前の事前指導を行っている。

（田中　容子）

個別の教育支援計画表（A児）

氏　名	A	性　別	連絡先	在籍校	○○市立○○小学校
生年月日	○年□月◇日（　歳）	男	○○○-○○○○	学年組	3年　□組

主な障害や課題	保護者の願い・心配
脳性まひによる移動困難。作業を伴う活動に時間がかかる。手先がうまく動かず，素早い構音も苦手。	障害に負けずに，前向きに，学校生活を送ってほしい。

現在・将来についての希望			
児童・生徒	IT関係の仕事につくか，カメラマンになりたい。	保護者	本人の好きな仕事が見つけられたらよい。自立してほしい。
担任（幼稚園・小学校）から引き継いだこと		支援の目標	
作業に時間がかかるが，チャレンジする気持ちのある子なので，できるだけみんなと同じ活動をさせてほしい。			様々な活動について，本児なりのやり方を見つけてチャレンジしてみる。

就学前	○○保護園　0歳～3歳	◇◇保育園　3歳～6歳	
小学校	1年時担任○○　Co.□□	2年時担任○○　Co.□□（★現在）	3年時担任　Co.

学童保育	支援機関	○○学童保育所	担当者　○○	連絡先　○○
	支援内容	校内設置の学童保育所には，荷物を友達に持ってもらい，自力で歩行して通う。学童職員は，当所時間には見守りを行う。			

医療機関	支援機関	▽▽療育センター	担当者　▽▽	連絡先　▽▽
	支援内容	補装具の調整を行いながら，筋力や骨格の成長のバランスを見守っていく。必要に応じて療育の指示書を作成する。			

民間組織	支援機関	◇◇（放課後等デイサービス）	担当者　◇◇	連絡先　◇◇
	支援内容	週1回，放課後等デイサービス職員が学童保育所まで迎えに行き，言語療法，理学療法，作業療法を行う。OT，PTによる姿勢保持や身体機能の促進のほか，STによる構音練習も行う。また，STよりタブレットを用いた板書の撮影や，文字練習も行う。			
	関係機関	△△（地域の絵画教室）	担当者　△△	連絡先　△△
	支援内容	本児については，PCのおえかきソフトを用いた絵画作成を指導している。			

支援会議	毎年4月に開催（主催：小学校　司会：小学校特別支援教育コーディネーター） 次回予定：4年次4月（目的：前年度の指導と支援の取組の評価と当該年度に向けた指導と支援の確認）
確認欄	作成日　　年　　月　　日　学校長　　　　　　作成担当 私は以上の内容を確認し，学校が支援機関と個人情報を共有し連携・支援を行うことに同意します。 保護者　氏名　　　　　　　　　　　　　　印（確認日　平成　　年　　月　　日）

個別の教育支援計画表（B児）

氏　名	B	性別	女	連絡先	△△△-△△△△	在籍校	△△市立△△小学校
生年月日	○年△月×日（7歳）					学年組	1年　□組

主な課題	保護者の願い・心配
ADHD，LD（読み書き）家庭支援	友達とのトラブルをなくしたい。落ち着いて学習に取り組んでほしい。

現在・将来についての希望			
児童・生徒	みんなと仲良くしたい。先生やお母さんにほめられたい。	保護者	公立高に進学して，定職についてほしい。

保育園から引き継いだこと	支援の目標
何事にも意欲的に取り組むが，順番を守らなかったりルールを無視したりするのでトラブルが多い。最低限のルールを明示し，守れたらご褒美などがよいのではないか。	投薬の効果をみながら，落ち着いて取り組んだときにたくさんほめられる経験を積み，自己肯定感を引き上げていく。

就学前	△△保育園　0歳～3歳 活発でよく動く。友達にかみつくことが多かった。	◇◇保育園　3歳～6 一番にやりたがり，友達に一番を取られると，ぶったりたりする。家庭が不安定なときには，暴力的な行動が増えた。

小学校	1年時担任○○ 特別支援教育コーディネーター□□ 養護教諭 学校長　副校長 スクールソーシャルワーカー

子供家庭支援センター	支援機関	△△市子供家庭支援センター	担当者	○○	連絡先	○○
	支援内容	SSWと一緒に家庭訪問しながら，保護者のニーズを聞き，必要な支援を福祉機関に要請する。					

医療機関	支援機関	▽▽小児科	担当者	▽▽	連絡先	▽▽
	支援内容	ADHDの診断と投薬の開始。学校の様子を聞き取りながら，投薬量の調整を行う。SSWと連携して保護者への助言を行う。					

福祉機関	支援機関	△△市子供支援課（家庭支援）	担当者	◇◇	連絡先	◇◇
	支援内容	SSWと子供家庭支援センターの要請を受けて，保護者の心身の安定のために保健師，また家事支援のヘルパーを派遣する。					
	支援機関	△△市母子寮（家庭支援）					
	支援内容	離婚後の母子の保護と，自立までの見守りを行う。					
	支援機関	△△市生活福祉課（生活支援）					
	支援内容	生活のための手当てと，保護者の就労支援を行う。					

支援会議	就学前の3月と就学後の4月に開催 （主催・司会：子供家庭支援センター，開催場所：△△小学校） 次回予定：小学1年10月頃（目的：初期取組の評価と1年次後半及び今後の支援）

確認欄	作成日　　年　　月　　日　学校長　　　　　　作成担当 私は以上の内容を確認し，学校が支援機関と個人情報を共有し連携・支援を行うことに同意します。 保護者　氏名　　　　　　　　　　　　　　　　印　（確認日　平成　　年　　月　　日）

4章　これから求められる特別支援教育の実践

指導と支援の計画づくり

9 通常の学級：個別の指導計画の作成と活用

1 — はじめに

　個別の指導計画は，個別の教育支援計画が対象児童のライフステージを見通して長いスパンで立案されるのに対し，学校等の場で，長期的には1年間程度，短期的には1学期程度の短いスパンで立案されることが多い。
　また，児童自らが目標の達成を具体的に評価できるよう，具体的な目標であることが求められる。そのためには，的確な実態把握が不可欠である。

2 — 事例　2年生女子　C児

(1)**障害種**：聴覚障害
(2)**実態把握**
　C児は，医療機関で両側性感音難聴と診断され，2歳から言語聴覚士による療育を受けてきた。補聴器を装用しているが，話し手の口元を見ていないと，会話の意味を理解することは困難である。また，発音もやや不明瞭で，周囲の児童や担任は，C児が話そうとする話題を知っていれば理解できるが，話題を知らない場合には，聞き返すことがある。
　学習面では，情報の保障があれば，C児は学年相応の学力を身に付けている。しかし，生活場面では，友達の言うことを正確に聞き取らずに行動するため，時々，遊びのルールを巡って対立することがある。
(3)**C児への支援**
　週に4時間の通級による指導では，聴覚の管理（聞こえの実態把握等），聴覚学習，発音練習，言語指導，コミュニケーションに関する学習，障害認

識（自己理解）に関する指導を受けている。また，通常の学級では，FM補聴システムの活用と，地域のボランティアによるノートテイクや教科書の音読箇所の指示等がある。また，全校集会等の行事においては，ノートテイクによる情報保障を受けている。

3 事例　5年生男子　D児

(1)**障害種**：自閉症スペクトラム，LD
(2)**実態把握**

　D児は，医療機関で高機能自閉症の診断を受けており，就学前から感覚過敏やこだわりの強さがあるなどの特徴があり，療育を受けてきた。強い感覚過敏のために，幼稚園では歌やダンスなど，大きな音の出る活動には参加できなかった。また，学習面では，書くことに強い抵抗感がある。

　友達の言葉を字義通りに受け取ったり，思ったことをすぐに口に出したりしてしまうことによる友達とのトラブルがある。学習面では，読むことにはあまり苦労していないが，漢字やローマ字の習得には困難を感じている。

　これまで，通級による指導を併用しながら通常の学級で過ごしてきたが，5年生になって保護者の転勤に伴い，他県に転学したばかりである。40人ぎりぎりの学級編成の学級に転入し，最初の学級会では，希望した栽培委員会に入れなかったため，号泣してしまった。

(3)**D児への支援**

　転学前の学校からの引き継ぎにより，D児は，転学と同時に通級による指導を受けながら，通常の学級において，特性に応じた合理的配慮を行うこととなった。また，通級指導教室では，聴覚や触覚の小さな刺激に少しずつ慣れながら過敏さを軽減する学習や感覚統合療法を参考にした活動，更に，ソーシャルスキルトレーニングの中で，自己理解や他者理解の力を高めるための学習を行っている。

（田中　容子）

個別の教育支援計画表（C児）

作成日：平成〇年〇月〇日

××市立〇〇小学校　第2学年△組		担任	〇〇
児童氏名　　C　　（男・⒲）		生年月日	〇〇年△月×日

主な障害と課題	・両側性感音難聴　（両耳とも耳掛型補聴器装用） ・話し手の口元を見ていないと会話の意味理解が困難。 ・発音が不明瞭	
担任のニーズ	保護者のニーズ	本人のニーズ
・意欲のある子なので，情報保障をしっかりとやりたい。	・学習（特に九九や音読のつまずきをなくしてほしい。	・九九を覚えたい。 ・友達と仲良くしたい。

長期目標

学習面	学年相応の学力を維持していきたい。
生活・行動面	友人とのコミュニケーションの際，すれ違いに気付き修正できるようにしたい。

指導計画（2年生2学期）

短期目標	指導の場と形態	方法	評価
<学習> 1，2，5及び3，4，6の段を正しく唱えることができる。	通常の学級での配慮指導 単語カードと同じ表記の短冊を黒板に貼るなどしてC児の視野に入れる。	単語カードに式と答えの両方（例：$2×3=6$）を書き，視覚に訴えながら九九を唱える。 時計の文字盤や「に，し，ろ，や，とう」の唱え方など身近なものと関連づける。 発音しにくい九九は，音韻を捉えやすい唱え方を用いる（例：$4×7=28$よんななにじゅうはち） 九九の復習を学級全体で行う際に，個別指導で用いた方法や教材を使って定着を図る。	1，2，5の段は滑らかに唱えることができるようになった。3の段は，ややゆっくりだが，正しく唱えられるようになった。4，6の段はまだ不正確なものがある。 ⇒1，2，3，5の段達成 ⇒4，6の段については継続
<学習> 各教科において，単元の内容理解を正確に行う。	通級指導との連携 通常の学級での配慮指導 デイジー教科書を用いる。	通級による個別指導：通級による指導の中で単元の内容を先に取り上げてもらい，理解してから通常の学級の学習に臨む。 通常の学級：音読の際には，デイジー教科書を用い，PCで視覚的に音読個所を確認できるようにする。	全ての教科でほぼ内容を理解している。 通級による個別指導による直接的な効果とともに，本児の読解力の向上によって，教科内容の理解が進んだ。 ⇒達成
<生活・行動> 友達の発話が分からないときに，聞き返すことができる。	通常の学級での配慮指導 友人の発言の意図を確認する習慣をつける。	生活・行動面の目標だが，まずはグループ討議等の学習場面等，話し合いのテーマが明確な場合を利用して，友人の語ったことの意図を確認する。グループの友人にも，担任から本児の聞き返しに応じるよう頼んでおく。	聞き漏らしたことに気付き，質問を行うことができるようになってきた。しかし，首を傾げながら質問しそびれることもある。 ⇒能動的に聞きたいときには情報を求める姿勢ができてきた。

個別の教育支援計画表（D児）

作成日：平成○年○月○日

××市立○○小学校　第5学年△組		担任	○○
児童氏名　　　D　　　　（男・女）		生年月日	○○年△月×日

主な障害と課題	・高機能自閉症の診断を受けている。 ・感覚過敏やこだわりがある。 ・書字が苦手で視写が遅く，漢字やローマ字を覚えることに困難さがある。 ・物事を計画に進めていくことに困難さがある。

担任のニーズ	保護者のニーズ	本人のニーズ
・感情のコントロールができないときには，うまく避難する方法を身に付けてほしい。	・思うようにいかないときに癇癪を起こさずに感情をコントロールしてほしい。	・友達と仲良くしたい。 ・宿題や提出物をきちんと出せるようにしたい。

長期目標

学習面	(1) 本児なりの方略で，教科書の漢字が読めるようにする。 (2) パソコンを用いて文書作成ができる。
生活・行動面	(1) 期日を守り計画的に行動できる。 (2) 感情をコントロールしながら思いを伝えることができる。

指導計画（1年生2学期）

短期目標	指導の場と形態	方法	評価
＜学習＞ ローマ字の構成を理解する。	通級指導教室での個別指導 通常の学級での配慮指導 フィリピンから日本の学校へ転校してきた友人に，ものの名前を覚えてもらうためにクラス全員でローマ字表記に取り組む。	通級による指導で，ローマ字の50音表及び50音カードの並べ替えに取り組む。 ローマ字による50音表の構成を理解してから，パソコンで打ち込んでいく。	AIUEOと子音の順番を理解すると，清音濁音のローマ字表記の習得が行えた。拗音はまだ不正確である。 ⇒清音については達成 　今後は特殊音節を中心にルールを復習する。
＜学習＞ 板書の視写が困難なときには，タブレットによる撮影を行う。	通常の学級での配慮指導 自分自身の合理的配慮について，理解する。	タブレットの使用は本児にとっての合理的配慮であることを本児自身が理解し，自ら使用できるよう，申し出る練習を行う。 クラスのメンバーに，担任と本児が一緒に理解を促す。	自分自身の特性と，タブレットの必要性について，自分の言葉で説明することができた。 ⇒クラスメイトとの信頼関係の中で目標を達成した。今後は，信頼関係が構築できていない他者への説明ができるよう，準備を行う必要がある。
＜生活・行動＞ イライラしたりカッとしそうなときはその場を離れて気持ちを落ち着かせる。	通常の学級での配慮指導＋家庭の協力 担任，保護者で共通理解をしたのち，学校と家庭でクールダウンできるスペースを確保する。	イライラしやすい状況や活動をあらかじめ本児自身に把握させる。対象となる活動では事前に教員が声かけをして心構えをさせる。イライラが制御できそうにない場合は，教員に断って，指定された場所でクールダウンをする。	教員が事前の声かけを忘れたときはその場で感情を表出させることもあったが，学校では概ねクールダウンができた。 ⇒達成

指導と支援の計画づくり

10 特別支援学級：個別の教育支援計画の作成と活用

1 — はじめに

　県の様式である「教育支援プランA・B」に「支援会議の記録」等を加筆している。「教育支援プランA」が個別の教育支援計画，「教育支援プランB」が個別の指導計画に当たる。

　教育支援プランAは，3か年を1サイクルとして作成する。小学校では，入学時に作成し，毎年，評価・改善・更新を行い，4年生になるときには修正を行うこととなる。

　保護者には写しが提供される。保護者を通じて関係機関との共有，進学先への引き継ぎのため「サポート手帳」（※県の相談支援ファイル）に保存するように勧めている。

2 — 事例　1年生男子　A児

　A児は，自閉症・情緒障害特別支援学級に在籍している。自閉症スペクトラムの診断がある。未経験のことに不安が強い。大人や年下の友達との関わりは好きだが，意思を伝えることに困難がある。知的な遅れは軽度である。定期的に民間療育機関に通い，ソーシャルスキルトレーニングの指導を受けている。関係機関は医療機関，民間療育機関，市教育センターなどである。

3 — 個別の教育支援計画の作成

　①基礎情報の把握・整理，②学校における素案の作成，③保護者との連携による作成，という3ステップで作成する。

①基礎情報の把握・整理
(1)就学前の情報
　「サポート手帳」をもとに保護者から「生育の記録」「療育・相談歴」の情報を得た。また，幼稚園がまとめた「小学校への引き継ぎ事項」があり，そこからA児は，見通しがもてるようになった活動には積極的に参加できることが分かった。
(2)本人・保護者の願い等
　入学後の面談の中で，保護者から聴取する。低学年では，「今，願うこと」「小学校卒業までに願うこと」，高学年では，これらに加え「中学・高校進学」「18歳をイメージ」して聴取する。
　また，「サポートネットワーク」により保護者が連携してほしいと願う関係機関について把握する。

(3)学校生活の状況
　入学後の約1か月で，A児の「できること」「できつつあること」「学習上や生活上の困難」について把握する。

②校内での検討会（素案作成）
　担任，特別支援教育コーディネーター，管理職による校内ケース会議を行い，個別の教育支援計画の素案を作成する。
　基礎情報で得た「学習上・生活上の困難」「保護者の願い」などを踏まえ，「特別な教育的ニーズ」について検討する。そして，保護者の理解が得られるように指導の工夫の意図や具体的な手立てについて明確にする。

③保護者との連携による個別の教育支援計画の作成

　素案をもとに，保護者との面談を実施し，個別の教育支援計画を作成する。特に，「特別な教育的ニーズ」については，十分に話し合い，それを踏まえ，合理的配慮の基本的な考え方について合意形成を行う。また，関係機関とは保護者を通じて連絡を取り，相互に顔の見える関係づくりを進める。

4－ 個別の教育支援計画の活用

①学校と関係機関との連携

　主治医とは，入学後の早い時期に面談の場が持てた。主治医からは読むことの困難さについて情報提供があり，学校での支援に役立った。更に，学期ごとに保護者を通じて，文書で情報交換を行うこととなった。

　民間療育機関とは，保護者を通じて指導記録（毎月）の交換を行った。また，必要に応じてケース会議への参加を願った。A児は，10月の時点で登校を渋ることが多く，保護者，市教育センター，民間療育機関，関係職員によるケース会議を実施した。そこでは，民間療育機関の指導員からA児が抱えている不安を聞くことができ，具体的な手立てを図ることができた。登校後，A児が関係をとりやすい教員と一日の流れを確認することで，徐々に不登校の改善がみられた。

②関係機関が連携した保護者への支援

　保護者が子育てに負担を感じており，学校が中心となり関係機関でケース会議を行った。登校の状態も大きく改善していたため，学校の送迎に福祉機関を活用することを保護者に提案し，実施することとなった。

③個別の教育支援計画の引き継ぎ

　個別の教育支援計画が，次の教育機関等に確実に引き継がれていくことが不可欠である。そのため，保護者の了解により，学校間での情報共有をしっかりと行う。それに加え，保護者自身が子供の状況，願い，合理的配慮について説明できる必要がある。そのため，個別の教育支援計画はもとより，多くの情報を保護者が所持する「サポート手帳」で管理することを推奨している。

A児の個別の教育支援計画（抜粋）

特別な教育的ニーズ	本児は①先の見通しがもちにくい，②他者とのコミュニケーションがとりにくい，などのことにより，苦手な活動や新規な活動では集団活動に参加できない状況である。 したがって，①活動内容を事前に知らせたり分かりやすく図にしたりする，②自分の意思を伝えることができるツールを活用する，などのことが必要である。 支援に当たっては，①本人の意思を尊重する，②小さなことでもできたことを具体的にほめ，意欲につなげる，③否定的な言葉はできるだけ避け，「○○するとよい」「○○するとかっこよい」などの言葉をかける，などの配慮が必要である。
（追　加）	大人と関わることは好きだが，相手からの働きかけに対し断ることができないため負担を感じてしまう。そのことを十分に理解するとともに，本児への働きかけは，関係をとりやすい特定の教員が行う。（平成○○年10月）
本人・保護者の願い	・できることを増やし，友達と達成感を共有してほしい。 ・苦手なことを乗り越える手立てを身に付けてほしい。 ・中学年では学習の場を通常の学級に移したい。
合理的配慮の実施内容	・先の見通しがもちにくいことへの配慮を行い，学校での活動にできる限り参加できるようにする。 ・学習面では読むことの困難さへの配慮を行い基礎学力の定着を図る。 ・交流及び共同学習については，本児の負担にならないように慎重に計画し実施する。 ※合理的配慮の具体的な内容については教育支援プランBに記載する。
（追　加）	活動への参加の促しは慎重に行う。見ることも本児の参加の仕方であることを校内で共通理解する。（平成○○年10月）

	機関名・担当者	支援内容
関係機関の支援	医療・保健 ○○クリニック 主治医：○○○○院長 TEL 123-456-7890	3週間おきに受診。保護者を通じた情報交換。 短期記憶，視線の動かし方が十分でなく，板書や教科書等を読むことに困難がある。
	（追　加）	
	療育・労働 民間療育機関 担当：○○指導員 TEL	週1回のSST。
	（追　加）同上	大人と関わることは好きだが，相手からの働きかけに対し断ることができない。学校での活動に誘われることに負担を感じている。（平成○○年10月）
	家庭・地域 生活支援センター 担当：○○指導員 TEL	サービス調整
	（追　加）居宅介護事業所	学校への送迎，休日の外出支援（平成○○年10月）連絡は生活支援センターへ
支援会議の記録	平成○○年 10月○日 15:00～16:00 参加者： 保・担・管・CO・療・指	協議内容・引継事項：登校渋りの原因①見通しのもちにくさ，②活動への誘いが負担 →学校：①一日の流れの確認，②関わる教員を特定 →家庭：③朝登校できないときは無理せず昼休みの遊びへの参加を促す。
	日　時　参加者	協議内容・引継事項
	日　時　参加者	協議内容・引継事項
	日　時　参加者	協議内容・引継事項

（小林　松司）

指導と支援の計画づくり

11 特別支援学級：個別の指導計画の作成と活用
豊かな人間関係の形成を目指した自立活動の実践

1 - はじめに

　自閉症・情緒障害特別支援学級（以下，本学級）では，週日課に3時間設定されている自立活動の時間において，児童の実態から「人間関係の育成」，及び「コミュニケーション」の獲得を重点とし，授業を行っている。児童一人一人が抱える課題は様々であるが，学級や交流学級の友達との望ましい人間関係の形成，そして，正しいコミュニケーションの獲得は，その児童にとって，楽しい学校生活や社会的自立の礎となる。

　「自分や友達の気持ちを知ることができる」という題材目標のもと，児童の実態把握に基づき立てられた個別の指導計画に沿って実践された自立活動の授業を行っている。

2 - 個別の指導計画の作成及び活用の義務化

　新小・中学校学習指導要領総則において，特別支援学級の個別の支援計画・指導計画の作成について以下のように明記している。

> 2　特別な配慮を必要とする児童への指導
> エ　（前略）特に，特別支援学級に在籍する児童や通級による指導を受ける児童については，個々の児童の実態を的確に把握し，個別の教育支援計画や個別の指導計画を作成し，効果的に活用するものとする。

　改訂前の学習指導要領では，特別支援学校に在籍している児童・生徒においてはその作成を義務付けていたが，今回の改訂では，通級による指導を受ける児童生徒及び特別支援学級に在籍する児童生徒全てに，一人一人の教育

的ニーズに応じた支援が受けられるよう，個別の教育支援計画・個別の指導計画を作成し，その活用を図ることとしている。

3 — 個別の指導計画の作成

　本学級では４月の入学・進級の際に保護者に個別の教育支援計画（県ではＡプランと総称），個別の指導計画（同じくＢプランと総称，以下Ｂプラン）の作成について説明を行い，家庭での様子，学校での様子を保護者・教員が共有し合いながら児童が抱える課題を理解し，その課題解決に向けた具体的な個別の教育支援計画・個別の指導計画を立案し，実際の指導に活用している。

　今回の学習指導要領の改訂では「何を，どのように学び，何ができるようになるか」という学びの在り方が重視され，「主体的・対話的で深い学び」の視点に基づいた授業実践が求められている。主体的な学びとは，簡単に言えば「なぜ，何のために」を理解し自分から学習に臨む姿勢である。自分から自らの困り感に気付き，その克服がよりよい生活に結び付いていく。そして，そのような肯定的な体験の積み重ねが児童のよりよい成長を促していく。その意味からも児童の困り感の正しい把握は大切であり，望ましい行動の般化のために，指導計画を介した家庭との支援の共有はとても大切なものとなる。

　Ａ児の実態に基づき立案されたＢプランは以下の通りである。

【児童の実態】（※自立活動に係る内容を抜粋）

人間関係の形成	コミュニケーション
・他者と関わることは好きだが，友達の気持ちや，考えを捉えることに課題がある。 ・集団行動に参加することに強い緊張感をもっている。 ・周囲の状況を理解し，望ましい行動をとることに課題がある。	・自分の考えを他者に伝えることに困り感をもっている。 ・場や状況に応じた会話や，人と会話するときの距離感をつかむことが難しい。 ・視線がなかなか合わない。

平成29年度　教育支援プランＢ（個別の指導計画）

本 人 氏 名	A	学 校 名	○○市立○○小学校	取扱注意
学部・学年・組	○○学級２組	記入者名		

指導方針 （追加）	・基本的な生活習慣の確立をする。 ・信頼できる他者（大人）との関わりを通して自分でできることを増やし、自信につなげる。

指　導　に　結　び　つ　く　実　態	
1　健康の保持 （日常生活，健康面など）	・一人で着替えられる。 ・食事は箸が使えないが、スプーンやフォークは使える。 ・トイレで用を済ますことができる。
（追　加）	
2　心理的な安定 （情緒面，状況の理解など）	・朝会や集会などで静かに話を聞くことができる。 ・周囲の状況を理解して行動するために個別の支援を要する。 ・気になったことを「なぜ」「どうして」と繰り返し聞く。
（追　加）	
3　人間関係の形成 （人とのかかわり，集団への参加など）	・学級や交流学級の児童とおもちゃの貸し借りや順番を守って遊ぶことができるようになったが、不要な発言によるトラブルもみられる。 ・じゃんけんに負けることを嫌がる。
（追　加）	
4　環境の把握 （感覚の活用，認知面，学習面など）	・平仮名や見慣れた漢字を書くことができる。 ・正しい音程で歌うことが苦手である。
（追　加）	
5　身体の動き （運動・動作，作業面など）	・ゆっくりだが、一定の速さで走ることができる。 ・なわとびは一回一縄を跳び越えることはできるが、続けてリズムよく跳ぶことができない。
（追　加）	
6　コミュニケーション （意思の伝達，言語の形成など）	・悲しい、嬉しいなどの自分の気持ちや相手の気持ちを考えた会話ができるようになってきた。
（追　加）	
7　その他 （性格，行動特徴，興味関心など）	・電車や時計に興味がある。 ・温和な性格である。
（追　加）	
※ 「合理的配慮」 について	【観点】 1－1－1	【内容】 ・ごほうびシールなどを使って、意欲的に取り組めるようにする。 ・授業の流れを視覚化（掲示物の活用）する。

※実態に基づき作成されたプランＢ。紙面の都合上一部削除されています。

　自立活動では、まずは人とのコミュニケーションの基本である"挨拶"についてその大切さを理解し、クラスの友達はもちろん、先生方や交流学級、他学年の友達と交わすことができるようになることを１学期の目標とした。

4- 指導の実際

　特別支援学級に在籍している児童は、学級内の友達だけではなく交流学級や学校全体の様々な場面で多くの友達や先生方との関わりの中で学校生活を過ごしている。
　また、学校生活で培った人との関わる力を、地域や社会で活用していくこ

とが求められる。そこで，本学級では，自立活動の「人間関係の形成」「コミュニケーション」「心理的安定」「環境の把握」の項目を適切に学習活動に取り入れている。あわせて，ソーシャルスキルトレーニングを自立活動の授業の中に位置付け「こんな時どうする？」という学習を積み重ねた。授業では実際の場面で生かす事や，相手の気持ちの理解を目標とし，役割演技の場を設定した。また，自己理解に基づく課題の把握のため振り返りシートを活用し，積極的な授業参加を促した。その結果，異集団への緊張感があったが，授業を通じ次第に自分から挨拶を交わす事に自信がもてるようになり，6年生とも挨拶を交わす中で次第に打ち解け，一緒に給食を食べることができるなど，友達とのコミュニケーションの取り方に自信をもつことができるようになった。

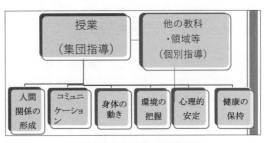
本学級の自立活動の指導形態

友達とのロールプレイ

振り返りシートの記入

5 おわりに

　今後も，授業で何を学ぶことができたのか？どんな力を獲得することができたのか？という一人一人の成長の確認を忘れることなく，指導計画・実践の改善を図り，その成長を支援していく。

【参考文献】
「アクティブ・ラーニングと特別支援教育」：(花熊　曉)『平成29年版　学習指導要領改訂のポイント　通常の学級の特別支援教育』明治図書

(田野　信哉)

付録1　小学校学習指導要領　第1章　総則（抜粋）

第4　児童の発達の支援
1　児童の発達を支える指導の充実
　　教育課程の編成及び実施に当たっては，次の事項に配慮するものとする。
　(1)　学習や生活の基盤として，教師と児童との信頼関係及び児童相互のよりよい人間関係を育てるため，日頃から学級経営の充実を図ること。また，主に集団の場面で必要な指導や援助を行うガイダンスと，個々の児童の多様な実態を踏まえ，一人一人が抱える課題に個別に対応した指導を行うカウンセリングの双方により，児童の発達を支援すること。
　　　あわせて，小学校の低学年，中学年，高学年の学年の時期の特長を生かした指導の工夫を行うこと。
　(2)　児童が，自己の存在感を実感しながら，よりよい人間関係を形成し，有意義で充実した学校生活を送る中で，現在及び将来における自己実現を図っていくことができるよう，児童理解を深め，学習指導と関連付けながら，生徒指導の充実を図ること。
　(3)　児童が，学ぶことと自己の将来とのつながりを見通しながら，社会的・職業的自立に向けて必要な基盤となる資質・能力を身に付けていくことができるよう，特別活動を要としつつ各教科等の特質に応じて，キャリア教育の充実を図ること。
　(4)　児童が，基礎的・基本的な知識及び技能の習得も含め，学習内容を確実に身に付けることができるよう，児童や学校の実態に応じ，個別学習やグループ別学習，繰り返し学習，学習内容の習熟の程度に応じた学習，児童の興味・関心等に応じた課題学習，補充的な学習や発展的な学習などの学習活動を取り入れることや，教師間の協力による指導体制を確保することなど，指導方法や指導体制の工夫改善により，個に応じた指導の充実を図ること。その際，第3の1の(3)に示す情報手段や教材・教具の活用を図ること。
2　特別な配慮を必要とする児童への指導
　(1)　障害のある児童などへの指導
　　ア　障害のある児童などについては，特別支援学校等の助言又は援助を活用しつつ，個々の児童の障害の状態等に応じた指導内容や指導方法の工夫を組織的かつ計画的に行うものとする。
　　イ　特別支援学級において実施する特別の教育課程については，次のとおり編成するものとする。
　　　(ｱ)　障害による学習上又は生活上の困難を克服し自立を図るため，特別支援学校小学部・中学部学習指導要領第7章に示す自立活動を取り入れること。
　　　(ｲ)　児童の障害の程度や学級の実態等を考慮の上，各教科の目標や内容を下学年の教科の目標や内容に替えたり，各教科を，知的障害者である児童に対する教育を行う特別支援学校の各教科に替えたりするなどして，実態に応じた教育課程を編成すること。
　　ウ　障害のある児童に対して，通級による指導を行い，特別の教育課程を編成する場合には，特別支援学校小学部・中学部学習指導要領第7章に示す自立活動の内容を参考とし，具体的な目標や内容を定め，指導を行うものとする。その際，効果的な指導が行われるよう，各教科等と通級による指導との関連を図るなど，教師間の連携に努めるものとする。

エ　障害のある児童などについては，家庭，地域及び医療や福祉，保健，労働等の業務を行う関係機関との連携を図り，長期的な視点で児童への教育的支援を行うために，個別の教育支援計画を作成し活用することに努めるとともに，各教科等の指導に当たって，個々の児童の実態を的確に把握し，個別の指導計画を作成し活用することに努めるものとする。特に，特別支援学級に在籍する児童や通級による指導を受ける児童については，個々の児童の実態を的確に把握し，個別の教育支援計画や個別の指導計画を作成し，効果的に活用するものとする。
(2)　海外から帰国した児童などの学校生活への適応や，日本語の習得に困難のある児童に対する日本語指導
　　ア　海外から帰国した児童などについては，学校生活への適応を図るとともに，外国における生活経験を生かすなどの適切な指導を行うものとする。
　　イ　日本語の習得に困難のある児童については，個々の児童の実態に応じた指導内容や指導方法の工夫を組織的かつ計画的に行うものとする。特に，通級による日本語指導については，教師間の連携に努め，指導についての計画を個別に作成することなどにより，効果的な指導に努めるものとする。
(3)　不登校児童への配慮
　　ア　不登校児童については，保護者や関係機関と連携を図り，心理や福祉の専門家の助言又は援助を得ながら，社会的自立を目指す観点から，個々の児童の実態に応じた情報の提供その他の必要な支援を行うものとする。
　　イ　相当の期間小学校を欠席し引き続き欠席すると認められる児童を対象として，文部科学大臣が認める特別の教育課程を編成する場合には，児童の実態に配慮した教育課程を編成するとともに，個別学習やグループ別学習など指導方法や指導体制の工夫改善に努めるものとする。

付録2　特別支援学校小学部・中学部学習指導要領　第2章　小学部（抜粋）

第2章　各教科　第1節　小学部
第2款　知的障害者である児童に対する教育を行う特別支援学校
　第1　各教科の目標及び内容
　〔生　活〕
1　目　標
　具体的な活動や体験を通して，生活に関わる見方・考え方を生かし，自立し生活を豊かにしていくための資質・能力を次のとおり育成することを目指す。
　(1) 活動や体験の過程において，自分自身，身近な人々，社会及び自然の特徴やよさ，それらの関わり等に気付くとともに，生活に必要な習慣や技能を身に付けるようにする。
　(2) 自分自身や身の回りの生活のことや，身近な人々，社会及び自然と自分との関わりについて理解し，考えたことを表現することができるようにする。
　(3) 自分のことに取り組んだり，身近な人々，社会及び自然に自ら働きかけ，意欲や自信をもって学んだり，生活を豊かにしようとしたりする態度を養う。
2　各段階の目標及び内容
○1段階
　(1) 目　標
　　ア　活動や体験の過程において，自分自身，身近な人々，社会及び自然の特徴に関心をもつとともに，身の回りの生活において必要な基本的な習慣や技能を身に付けるようにする。
　　イ　自分自身や身の回りの生活のことや，身近な人々，社会及び自然と自分との関わりについて関心をもち，感じたことを伝えようとする。
　　ウ　自分のことに取り組もうとしたり，身近な人々，社会及び自然に関心をもち，意欲をもって学んだり，生活に生かそうとしたりする態度を養う。
　(2) 内　容
　　ア　基本的生活習慣
　　　　食事や用便等の生活習慣に関わる初歩的な学習活動を通して，次の事項を身に付けることができるよう指導する。
　　　(ｱ)　簡単な身辺処理に気付き，教師と一緒に行おうとすること。
　　　(ｲ)　簡単な身辺処理に関する初歩的な知識や技能を身に付けること。
　　イ　安全
　　　　危ないことや危険な場所等における安全に関わる初歩的な学習活動を通して，次の事項を身に付けることができるよう指導する。
　　　(ｱ)　身の回りの安全に気付き，教師と一緒に安全な生活に取り組もうとすること。
　　　(ｲ)　安全に関わる初歩的な知識や技能を身に付けること。
　　ウ　日課・予定
　　　　日課に沿って教師と共にする学習活動を通して，次の事項を身に付けることができるよう指導する。
　　　(ｱ)　身の回りの簡単な日課に気付き，教師と一緒に日課に沿って行動しようとすること。
　　　(ｲ)　簡単な日課について，関心をもつこと。

エ 遊び
　自分で好きな遊びをすることなどに関わる学習活動を通して，次の事項を身に付けることができるよう指導する。
　(ア)　身の回りの遊びに気付き，教師や友達と同じ場所で遊ぼうとすること。
　(イ)　身の回りの遊びや遊び方について関心をもつこと。
オ 人との関わり
　小さな集団での学習活動を通して，次の事項を身に付けることができるよう指導する。
　(ア)　教師や身の回りの人に気付き，教師と一緒に簡単な挨拶などをしようとすること。
　(イ)　身の回りの人との関わり方に関心をもつこと。
カ 役割
　学級等の集団における役割などに関わる学習活動を通して，次の事項を身に付けることができるよう指導する。
　(ア)　身の回りの集団に気付き，教師と一緒に参加しようとすること。
　(イ)　集団の中での役割に関心をもつこと。
キ 手伝い・仕事
　教師と一緒に印刷物を配ることや身の回りの簡単な手伝いなどに関わる学習活動を通して，次の事項を身に付けることができるよう指導する。
　(ア)　身の回りの簡単な手伝いや仕事を教師と一緒にしようとすること。
　(イ)　簡単な手伝いや仕事に関心をもつこと。
ク 金銭の扱い
　簡単な買い物や金銭を大切に扱うことなどに関わる学習活動を通して，次の事項を身に付けることができるよう指導する。
　(ア)　身の回りの生活の中で，教師と一緒に金銭を扱おうとすること。
　(イ)　金銭の扱い方などに関心をもつこと。
ケ きまり
　学校生活の簡単なきまりに関わる学習活動を通して，次の事項を身に付けることができるよう指導する。
　(ア)　身の回りの簡単なきまりに従って教師と一緒に行動しようとすること。
　(イ)　簡単なきまりについて関心をもつこと。
コ 社会の仕組みと公共施設
　自分の家族や近隣に関心をもつこと及び公園等の公共施設に関わる学習活動を通して，次の事項を身に付けることができるよう指導する。
　(ア)　身の回りにある社会の仕組みや公共施設に気付き，それを教師と一緒にみんなに伝えようとすること。
　(イ)　身の回りの社会の仕組みや公共施設の使い方などについて関心をもつこと。
サ 生命・自然
　教師と一緒に公園や野山などの自然に触れることや生き物に興味や関心をもつことなどに関わる学習活動を通して，次の事項を身に付けることができるよう指導する。

　　　　(ア)　身の回りにある生命や自然に気付き，それを教師と一緒にみんなに伝えようとすること。
　　　　(イ)　身の回りの生命や自然について関心をもつこと。
　　　シ　ものの仕組みと働き
　　　　　身の回りの生活の中で，物の重さに気付くことなどに関わる学習活動を通して，次の事項を身に付けることができるよう指導する。
　　　　(ア)　身の回りにあるものの仕組みや働きに気付き，それを教師と一緒にみんなに伝えようとすること。
　　　　(イ)　身の回りにあるものの仕組みや働きについて関心をもつこと。
○2段階
　(1)　目　標
　　ア　活動や体験の過程において，自分自身，身近な人々，社会及び自然の特徴や変化に気付くとともに，身近な生活において必要な習慣や技能を身に付けるようにする。
　　イ　自分自身や身の回りの生活のことや，身近な人々，社会及び自然と自分との関わりについて気付き，感じたことを表現しようとする。
　　ウ　自分のことに取り組もうとしたり，身近な人々，社会及び自然に自ら働きかけようとしたり，意欲や自信をもって学んだり，生活に生かそうとしたりする態度を養う。
　(2)　内　容
　　ア　基本的生活習慣
　　　　食事，用便，清潔等の基本的生活習慣に関わる学習活動を通して，次の事項を身に付けることができるよう指導する。
　　　(ア)　必要な身辺処理が分かり，身近な生活に役立てようとすること。
　　　(イ)　身近な生活に必要な身辺処理に関する基礎的な知識や技能を身に付けること。
　　イ　安全
　　　　遊具や器具の使い方，避難訓練等の基本的な安全や防災に関わる学習活動を通して，次の事項を身に付けることができるよう指導する。
　　　(ア)　身近な生活の安全に関心をもち，教師の援助を求めながら，安全な生活に取り組もうとすること。
　　　(イ)　安全や防災に関わる基礎的な知識や技能を身に付けること。
　　ウ　日課・予定
　　　　絵や写真カードなどを手掛かりにして，見通しをもち主体的に取り組むことなどに関わる学習活動を通して，次の事項を身に付けることができるよう指導する。
　　　(ア)　身近な日課・予定が分かり，教師の援助を求めながら，日課に沿って行動しようとすること。
　　　(イ)　身近な日課・予定について知ること。
　　エ　遊び
　　　　教師や友達と簡単な遊びをすることなどに関わる学習活動を通して，次の事項を身に付けることができるよう指導する。

(ア) 身近な遊びの中で，教師や友達と簡単なきまりのある遊びをしたり，遊びを工夫しようとしたりすること。
　　(イ) 簡単なきまりのある遊びについて知ること。
　オ　人との関わり
　　身近な人と接することなどに関わる学習活動を通して，次の事項を身に付けることができるよう指導する。
　　(ア) 身近な人を知り，教師の援助を求めながら挨拶や話などをしようとすること。
　　(イ) 身近な人との接し方などについて知ること。
　カ　役割
　　学級や学年，異年齢の集団等における役割に関わる学習活動を通して，次の事項を身に付けることができるよう指導する。
　　(ア) 身近な集団活動に参加し，簡単な係活動をしようとすること。
　　(イ) 簡単な係活動などの役割について知ること。
　キ　手伝い・仕事
　　人の役に立つことのできる手伝いや仕事に関わる学習活動を通して，次の事項を身に付けることができるよう指導する。
　　(ア) 教師の援助を求めながら身近で簡単な手伝いや仕事をしようとすること。
　　(イ) 簡単な手伝いや仕事について知ること。
　ク　金銭の扱い
　　金銭の価値に気付くことや金銭を扱うことなどに関わる学習活動を通して，次の事項を身に付けることができるよう指導する。
　　(ア) 身近な生活の中で，教師に援助を求めながら買い物をし，金銭の大切さや必要性について気付くこと。
　　(イ) 金銭の扱い方などを知ること。
　ケ　きまり
　　順番を守ることや信号を守って横断することなど，簡単なきまりやマナーに関わる学習活動を通して，次の事項を身に付けることができるよう指導する。
　　(ア) 身近で簡単なきまりやマナーに気付き，それらを守って行動しようとすること。
　　(イ) 簡単なきまりやマナーについて知ること。
　コ　社会の仕組みと公共施設
　　自分の住む地域のことや図書館や児童館等の公共施設に関わる学習活動を通して，次の事項を身に付けることができるよう指導する。
　　(ア) 教師の援助を求めながら身近な社会の仕組みや公共施設に気付き，それらを表現しようとすること。
　　(イ) 身近な社会の仕組みや公共施設の使い方などを知ること。
　サ　生命・自然
　　小動物等を飼育し生き物への興味・関心をもつことや天候の変化，季節の特徴に関心をもつことなどに関わる学習活動を通して，次の事項を身に付けることができるよう指導する。

(ｱ) 身近な生命や自然の特徴や変化が分かり，それらを表現しようとすること。
(ｲ) 身近な生命や自然について知ること。
シ ものの仕組みと働き
身近な生活の中で，ものの仕組みなどに関わる学習活動を通して，次の事項を身に付けることができるよう指導する。
(ｱ) 身近にあるものの仕組みや働きが分かり，それらを表現しようとすること。
(ｲ) 身近にあるものの仕組みや働きについて知ること。

○3段階
(1) 目　標
ア　活動や体験の過程において，自分自身，身近な人々，社会及び自然の特徴やよさ，それらの関わりに気付くとともに，生活に必要な習慣や技能を身に付けるようにする。
イ　自分自身や身の回りの生活のことや，身近な人々，社会及び自然と自分との関わりについて理解し，考えたことを表現することができるようにする。
ウ　自分のことに取り組んだり，身近な人々，社会及び自然に自ら働きかけ，意欲や自信をもって学んだり，生活を豊かにしようとしたりする態度を養う。

(2) 内　容
ア　基本的生活習慣
身の回りの整理や身なりなどの基本的生活習慣や日常生活に役立つことに関わる学習活動を通して，次の事項を身に付けることができるよう指導する。
(ｱ) 必要な身辺処理や集団での基本的生活習慣が分かり，日常生活に役立てようとすること。
(ｲ) 日常生活に必要な身辺処理等に関する知識や技能を身に付けること。
イ　安全
交通安全や避難訓練等の安全や防災に関わる学習活動を通して，次の事項を身に付けることができるよう指導する。
(ｱ) 日常生活の安全や防災に関心をもち，安全な生活をするよう心がけること。
(ｲ) 安全や防災に関わる知識や技能を身に付けること。
ウ　日課・予定
一週間程度の予定，学校行事や家庭の予定などに関わる学習活動を通して，次の事項を身に付けることができるよう指導する。
(ｱ) 日常生活の日課・予定が分かり，およその予定を考えながら，見通しをもって行動しようとすること。
(ｲ) 日課や身近な予定を立てるために必要な知識や技能を身に付けること。
エ　遊び
日常生活の中での遊びに関わる学習活動を通して，次の事項を身に付けることができるよう指導する。
(ｱ) 日常生活の遊びで，友達と関わりをもち，きまりを守ったり，遊びを工夫し発展させたりして，仲良く遊ぼうとすること。

(イ) きまりのある遊びや友達と仲良く遊ぶことなどの知識や技能を身に付けること。
オ 人との関わり
　身近なことを教師や友達と話すことなどに関わる学習活動を通して，次の事項を身に付けることができるよう指導する。
(ア) 身近な人と自分との関わりが分かり，一人で簡単な応対などをしようとすること。
(イ) 身近な人との簡単な応対などをするための知識や技能を身に付けること。
カ 役割
　様々な集団や地域での役割に関わる学習活動を通して，次の事項を身に付けることができるよう指導する。
(ア) 様々な集団活動に進んで参加し，簡単な役割を果たそうとすること。
(イ) 集団の中での簡単な役割を果たすための知識や技能を身に付けること。
キ 手伝い・仕事
　自分から調理や製作などの様々な手伝いをすることや学級の備品等の整理などに関わる学習活動を通して，次の事項を身に付けることができるよう指導する。
(ア) 日常生活の手伝いや仕事を進んでしようとすること。
(イ) 手伝いや仕事をするための知識や技能を身に付けること。
ク 金銭の扱い
　価格に応じて必要な貨幣を組み合わせるなどの金銭に関わる学習活動を通して，次の事項を身に付けることができるよう指導する。
(ア) 日常生活の中で，金銭の価値が分かり扱いに慣れること。
(イ) 金銭の扱い方などの知識や技能を身に付けること。
ケ きまり
　学校のきまりや公共の場でのマナー等に関わる学習活動を通して，次の事項を身に付けることができるよう指導する。
(ア) 日常生活の簡単なきまりやマナーが分かり，それらを守って行動しようとすること。
(イ) 簡単なきまりやマナーに関する知識や技能を身に付けること。
コ 社会の仕組みと公共施設
　自分の地域や周辺の地理などの社会の様子，警察署や消防署などの公共施設に関わる学習活動を通して，次の事項を身に付けることができるよう指導する。
(ア) 日常生活に関わりのある社会の仕組みや公共施設が分かり，それらを表現すること。
(イ) 日常生活に関わりのある社会の仕組みや公共施設などを知ったり，活用したりすること。
サ 生命・自然
　身近にいる昆虫，魚，小鳥の飼育や草花などの栽培及び四季の変化や天体の動きなどに関わる学習活動を通して，次の事項を身に付けることができるよう指導する。
(ア) 日常生活に関わりのある生命や自然の特徴や変化が分かり，それらを表現すること。
(イ) 日常生活に関わりのある生命や自然について関心をもって調べること。
シ ものの仕組みと働き

　　　　日常生活の中で，ものの仕組みなどに関わる学習活動を通して，次の事項を身に付けることができるよう指導する。
　　　　(ア) 日常生活の中で，ものの仕組みや働きが分かり，それらを表現すること。
　　　　(イ) ものの仕組みや働きに関して関心をもって調べること。
　3　指導計画の作成と内容の取扱い
　(1) 指導計画の作成に当たっては，次の事項に配慮するものとする。
　　ア　年間や，単元など内容や時間のまとまりを見通して，その中で育む資質・能力の育成に向けて，児童の主体的・対話的で深い学びの実現を図るようにすること。その際，児童が具体的な場面で実際的な活動を通して，自分と身近な社会や自然との関わりについての関心を深められるようにすること。
　　イ　各教科等との関連を図り，指導の効果を高めるようにするとともに，中学部の社会科，理科及び職業・家庭科の学習を見据え，系統的・発展的に指導できるようにすること。
　　ウ　2の各段階の内容のサについては，動物や植物への関わり方が深まるよう継続的な飼育，栽培を行うなど工夫すること。
　　エ　入学当初においては，幼児期における遊びを通した総合的な学びから他教科等における学習に円滑に移行し，主体的に自己を発揮しながら，より自覚的な学びに向かうことが可能となるようにすること。
　　オ　自分自身の生活や成長を振り返る活動を通して，自分でできるようになったこと，役割が増えたことなどが分かるとともに，これまでの生活や成長を支えてくれた人々への感謝の気持ちと，これからの意欲的な取り組みにより，さらに成長できるようにすること。
　(2) 2の各段階の内容の取扱いについては，次の事項に配慮するものとする。
　　ア　具体的な活動や体験を行うに当たっては，日々の日課に即して，実際的な指導ができるようにすること。
　　イ　身近な人々，社会及び自然に関する活動の楽しさを味わうとともに，それらを通して気付いたことや楽しかったことなどについて，多様方法により表現し，考えることができるようにすること。
　　ウ　具体的な活動や体験を通して気付いたことを基に考えることができるようにするため，見付ける，比べる，たとえる，試す，見通す，工夫するなどの多様な学習活動を行うようにすること。
　　エ　2の各段階の内容のクは，算数科との関連を図りながら，実際的な指導ができるようにすること。
　　オ　具体的な活動や体験を行うに当たっては，身近な幼児，高齢者など多様な人々と触れ合うことができるようにすること。

〔国　語〕
1　目　標
　言葉による見方・考え方を働かせ，言語活動を通して，国語で理解し表現する資質・能力を次のとおり育成することを目指す。

(1)　日常生活に必要な国語について，その特質を理解し使うことができるようにする。
　(2)　日常生活における人との関わりの中で伝え合う力を身に付け，思考力や想像力を養う。
　(3)　言葉で伝え合うよさを感じるとともに，言語感覚を養い，国語を大切にしてその能力の向上を図る態度を養う。
２　各段階の目標及び内容
○１段階
　(1)　目　標
　　ア　日常生活に必要な身近な言葉が分かり使うようになるとともに，いろいろな言葉や我が国の言語文化に触れることができるようにする。
　　イ　言葉をイメージしたり，言葉による関わりを受け止めたりする力を養い，日常生活における人との関わりの中で伝え合い，自分の思いをもつことができるようにする。
　　ウ　言葉で表すことやそのよさを感じるとともに，言葉を使おうとする態度を養う。
　(2)　内　容
　〔知識及び技能〕
　　ア　言葉の特徴や使い方に関する次の事項を身に付けることができるよう指導する。
　　　(ｱ)　身近な人の話し掛けに慣れ，言葉が事物の内容を表していることを感じること。
　　　(ｲ)　言葉のもつ音やリズムに触れたり，言葉が表す事物やイメージに触れたりすること。
　　イ　我が国の言語文化に関する次の事項を身に付けることができるよう指導する。
　　　(ｱ)　昔話などについて，読み聞かせを聞くなどして親しむこと。
　　　(ｲ)　遊びを通して，言葉のもつ楽しさに触れること。
　　　(ｳ)　書くことに関する次の事項を理解し使うこと。
　　　　　㋐　いろいろな筆記用具に触れ，書くことを知ること。
　　　　　㋑　筆記用具の持ち方や，正しい姿勢で書くことを知ること。
　　　(ｴ)　読み聞かせに注目し，いろいろな絵本などに興味をもつこと。
　〔思考力，判断力，表現力等〕
　Ａ　聞くこと・話すこと
　　　聞くこと・話すことに関する次の事項を身に付けることができるよう指導する。
　　ア　教師の話や読み聞かせに応じ，音声を模倣したり，表情や身振り，簡単な話し言葉などで表現したりすること。
　　イ　身近な人からの話し掛けに注目したり，応じて答えたりすること。
　　ウ　伝えたいことを思い浮かべ，身振りや音声などで表すこと。
　Ｂ　書くこと
　　　書くことに関する次の事項を身に付けることができるよう指導する。
　　ア　身近な人との関わりや出来事について，伝えたいことを思い浮かべたり，選んだりすること。
　　イ　文字に興味をもち，書こうとすること。
　Ｃ　読むこと
　　　読むことに関する次の事項を身に付けることができるよう指導する。

ア　教師と一緒に絵本などを見て，示された身近な事物や生き物などに気付き，注目すること。
　　イ　絵本などを見て，知っている事物や出来事などを指さしなどで表現すること。
　　ウ　絵や矢印などの記号で表された意味に応じ，行動すること。
　　エ　絵本などを見て，次の場面を楽しみにしたり，登場人物の動きなどを模倣したりすること。
○2段階
　(1)　目　標
　　ア　日常生活に必要な身近な言葉を身に付けるとともに，いろいろな言葉や我が国の言語文化に触れることができるようにする。
　　イ　言葉が表す事柄を想起したり受け止めたりする力を養い，日常生活における人との関わりの中で伝え合い，自分の思いをもつことができるようにする。
　　ウ　言葉がもつよさを感じるとともに，読み聞かせに親しみ，言葉でのやりとりを聞いたり伝えたりしようとする態度を養う。
　(2)　内　容
　〔知識及び技能〕
　　ア　言葉の特徴や使い方に関する次の事項を身に付けることができるよう指導する。
　　　(ｱ)　身近な人の話し掛けや会話などの話し言葉に慣れ，言葉が，気持ちや要求を表していることを感じること。
　　　(ｲ)　日常生活でよく使われている平仮名を読むこと。
　　　(ｳ)　身近な人との会話を通して，物の名前や動作など，いろいろな言葉の種類に触れること。
　　イ　我が国の言語文化に関する次の事項を身に付けることができるよう指導する。
　　　(ｱ)　昔話や童謡の歌詞などの読み聞かせを聞いたり，言葉などを模倣したりするなどして，言葉の響きやリズムに親しむこと。
　　　(ｲ)　遊びややり取りを通して，言葉による表現に親しむこと。
　　　(ｳ)　書くことに関する次の事項を理解し使うこと。
　　　　　㋐　いろいろな筆記用具を用いて，書くことに親しむこと。
　　　　　㋑　筆記用具の正しい持ち方や書くときの正しい姿勢を理解して，写し書きやなぞり書きなど，書写の基本を身に付けること。
　　　(ｴ)　読み聞かせに親しんだり，文字を拾い読みしたりして，いろいろな絵本や図鑑などに興味をもつこと。
　〔思考力，判断力，表現力等〕
　Ａ　聞くこと・話すこと
　　　聞くこと・話すことに関する次の事項を身に付けることができるよう指導する。
　　ア　身近な人の話に慣れ，簡単な事柄と語句などを結び付けたり，語句などから事柄を思い浮かべたりすること。
　　イ　簡単な指示や説明を聞き，その指示等に応じた行動をすること。
　　ウ　体験したことなどについて，伝えたいことを考えること。
　　エ　挨拶をしたり，簡単な台詞などを表現したりすること。

B 書くこと
　書くことに関する次の事項を身に付けることができるよう指導する。
　ア　経験したことのうち身近なことについて，写真などを手掛かりにして，伝えたいことを思い浮かべたり，選んだりすること。
　イ　自分の名前や物の名前を文字で表すことができることを知り，簡単な平仮名をなぞったり，書いたりすること。
C 読むこと
　読むことに関する次の事項を身に付けることができるよう指導する。
　ア　教師と一緒に絵本などを見て，登場するものや動作などを思い浮かべること。
　イ　教師と一緒に絵本などを見て，時間の経過などの大体を捉えること。
　ウ　日常生活でよく使われている表示などの特徴に気付き，読もうとしたり，表された意味に応じた行動をしたりすること。
　エ　絵本などを見て，好きな場面を伝えたり，言葉などを模倣したりすること。

○3段階
(1) 目　標
　ア　日常生活に必要な国語の知識や技能を身に付けるとともに，我が国の言語文化に触れ，親しむことができるようにする。
　イ　出来事の順序を思い出す力や感じたり想像したりする力を養い，日常生活における人との関わりの中で伝え合う力を身に付け，思い付いたり考えたりすることができるようにする。
　ウ　言葉がもつよさを感じるとともに，図書に親しみ，思いや考えを伝えたり受け止めたりしようとする態度を養う。
(2) 内　容
〔知識及び技能〕
　ア　言葉の特徴や使い方に関する次の事項を身に付けることができるよう指導する。
　　(ｱ)　身近な人との会話や読み聞かせを通して，言葉には物事の内容を表す働きがあることに気付くこと。
　　(ｲ)　姿勢や口形に気を付けて話すこと。
　　(ｳ)　日常生活でよく使う促音，長音などが含まれた語句，平仮名，片仮名，漢字の正しい読み方を知ること。
　　(ｴ)　言葉には，意味による語句のまとまりがあることに気付くこと。
　　(ｵ)　文の中における主語と述語との関係や助詞の使い方により，意味が変わることを知ること。
　　(ｶ)　正しい姿勢で音読すること。
　イ　話や文章の中に含まれている情報の扱い方に関する次の事項を身に付けることができるよう指導する。
　　(ｱ)　物事の始めと終わりなど，情報と情報との関係について理解すること。
　　(ｲ)　図書を用いた調べ方を理解し使うこと。
　ウ　我が国の言語文化に関する次の事項を身に付けることができるよう指導する。

(ア)　昔話や神話・伝承などの読み聞かせを聞き，言葉の響きやリズムに親しむこと。
　　(イ)　出来事や経験したことを伝え合う体験を通して，いろいろな語句や文の表現に触れること。
　　(ウ)　書くことに関する次の事項を理解し使うこと。
　　　⑦　目的に合った筆記用具を選び，書くこと。
　　　④　姿勢や筆記用具の持ち方を正しくし，平仮名や片仮名の文字の形に注意しながら丁寧に書くこと。
　　(エ)　読み聞かせなどに親しみ，いろいろな絵本や図鑑があることを知ること。
〔思考力，判断力，表現力等〕
A　聞くこと・話すこと
　聞くこと・話すことに関する次の事項を身に付けることができるよう指導する。
　ア　絵本の読み聞かせなどを通して，出来事など話の大体を聞き取ること。
　イ　経験したことを思い浮かべ，伝えたいことを考えること。
　ウ　見聞きしたことなどのあらましや自分の気持ちなどについて思い付いたり，考えたりすること。
　エ　挨拶や電話の受け答えなど，決まった言い方を使うこと。
　オ　相手に伝わるよう，発音や声の大きさに気を付けること。
　カ　相手の話に関心をもち，自分の思いや考えを相手に伝えたり，相手の思いや考えを受け止めたりすること。
B　書くこと
　書くことに関する次の事項を身に付けることができるよう指導する。
　ア　身近で見聞きしたり，経験したりしたことについて書きたいことを見付け，その題材に必要な事柄を集めること。
　イ　見聞きしたり，経験したりしたことから，伝えたい事柄の順序を考えること。
　ウ　見聞きしたり，経験したりしたことについて，簡単な語句や短い文を書くこと。
　エ　書いた語句や文を読み，間違いを正すこと。
　オ　文などに対して感じたことを伝えること。
C　読むこと
　読むことに関する次の事項を身に付けることができるよう指導する。
　ア　絵本や易しい読み物などを読み，挿絵と結び付けて登場人物の行動や場面の様子などを想像すること。
　イ　絵本や易しい読み物などを読み，時間的な順序など内容の大体を捉えること。
　ウ　日常生活で必要な語句や文，看板などを読み，必要な物を選んだり行動したりすること。
　エ　登場人物になったつもりで，音読したり演じたりすること。
3　指導計画の作成と内容の取扱い
(1)　指導計画の作成に当たっては，次の事項に配慮するものとする。
　ア　単元など内容や時間のまとまりを見通して，その中で育む資質・能力の育成に向けて，児童の主体的・対話的で深い学びの実現を図るようにすること。その際，言葉による見

方・考え方を働かせ,言語活動を通して,言葉の特徴や使い方などを身に付け自分の思い
　　　や考えを深める学習の充実を図ること。
　　イ　2の各段階の内容の〔知識及び技能〕に示す事項については,〔思考力,判断力,表現
　　　力等〕に示す事項の指導を通して指導することを基本とすること。
　　ウ　2の各段階の内容の〔思考力,判断力,表現力等〕の「A聞くこと・話すこと」に関す
　　　る指導に配当する授業時数は,児童の言語発達の状態を考慮し,適切に定めること。また,
　　　音声言語のための教材を積極的に活用するなどして,指導の効果を高めるよう工夫するこ
　　　と。
　　エ　2の各段階の内容の〔思考力,判断力,表現力等〕の「B書くこと」に関する指導に配
　　　当する授業時数は,児童の運動の能力や手先の器用さなどを考慮し,適切に定めること。
　　　また,書き表す内容や方法については,個に応じて適切に選択すること。
　　オ　2の各段階の内容の〔思考力,判断力,表現力等〕の「C読むこと」に関する指導に配
　　　当する授業時数は,児童の言語発達の状態を考慮し,適切に定めること。また,身近な題
　　　材を中心に段階的に様々な題材や文章に触れる機会を設けること。
　(2)　2の内容の取扱いについては,次の事項に配慮するものとする。
　　ア　2の各段階の内容のうち,文字に関する事項については,次のとおり取り扱うこと。
　　　(ｱ)　平仮名及び片仮名を読み,書くとともに,片仮名で書く語の種類を知り,文や文章の
　　　　中で使うことができるよう指導を工夫すること。
　　　(ｲ)　日常生活や他教科等で必要な漢字を読み,文や文章の中で使うなど,適切に指導内容
　　　　を設定し,指導すること。
　　　(ｳ)　平仮名,片仮名の読み書きが身に付き,字形を取ることができるなどの児童の学習状
　　　　況に応じて,ローマ字を取り扱うこともできること。
　　イ　2の内容の指導に当たっては,学校図書館などを目的をもって計画的に利用し,児童が
　　　図書に親しむことができるよう配慮すること。
　　ウ　教材については,次の事項に留意すること。
　　　(ｱ)　児童の障害の状態や特性及び心身の発達の段階等に応じ,興味・関心のある題材や生
　　　　活に関連する身近な題材を中心に扱いながら,徐々に様々な種類や形式の文,文章に触
　　　　れる機会を設けること。その際,児童が自分の考えや気持ちを伝える活動を重視するこ
　　　　と。
　　　(ｲ)　読み物教材は,場面の切り替えや筋の移り変わりが捉えやすい題材を選ぶようにする
　　　　こと。

〔算　数〕
1　目　標
　数学的な見方・考え方を働かせ,数学的な活動を通して,数学的に考える資質・能力を次のとお
り育成することを目指す。
　(1)　数量や図形などについての基礎的・基本的な概念や性質などに気付き理解するとともに,
　　日常の事象を数量や図形に注目して処理する技能を身に付けるようにする。

(2) 日常の事象の中から数量や図形を直感的に捉える力，基礎的・基本的な数量や図形の性質などに気付き感じ取る力，数学的な表現を用いて事象を簡潔・明瞭・的確に表したり柔軟に表したりする力を養う。
　(3) 数学的活動の楽しさに気付き，関心や興味をもち，学習したことを結び付けてよりよく問題を解決しようとする態度，算数で学んだことを学習や生活に活用しようとする態度を養う。
2　各段階の目標及び内容
○1段階
　(1) 目　標
　　A　数量の基礎
　　　ア　身の回りのものに気付き，対応させたり，組み合わせたりすることなどについての技能を身に付けるようにする。
　　　イ　身の回りにあるもの同士を対応させたり，組み合わせたりするなど，数量に関心をもって関わる力を養う。
　　　ウ　数量や図形に気付き，算数の学習に関心をもって取り組もうとする態度を養う。
　　B　数と計算
　　　ア　ものの有無や3までの数的要素に気付き，身の回りのものの数に関心をもって関わることについての技能を身に付けるようにする。
　　　イ　身の回りのものの有無や数的要素に注目し，数を直感的に捉えたり，数を用いて表現したりする力を養う。
　　　ウ　数量に気付き，算数の学習に関心をもって取り組もうとする態度を養う。
　　C　図形
　　　ア　身の回りのものの上下や前後，形の違いに気付き，違いに応じて関わることについての技能を身に付けるようにする。
　　　イ　身の回りのものの形に注目し，同じ形を捉えたり，形の違いを捉えたりする力を養う。
　　　ウ　図形に気付き，算数の学習に関心をもって取り組もうとする態度を養う。
　　D　測定
　　　ア　身の回りにあるものの量の大きさに気付き，量の違いについての感覚を養うとともに，量に関わることについての技能を身に付けるようにする。
　　　イ　身の回りにあるものの大きさや長さなどの量の違いに注目し，量の大きさにより区別する力を養う。
　　　ウ　数量や図形に気付き，算数の学習に関心をもって取り組もうとする態度を養う。
　(2) 内　容
　　A　数量の基礎
　　　ア　具体物に関わる数学的活動を通して，次の事項を身に付けることができるよう指導する。
　　　　(ｱ)　次のような知識及び技能を身に付けること。
　　　　　㋐　具体物に気付いて指を差したり，つかもうとしたり，目で追ったりすること。
　　　　　㋑　目の前で隠されたものを探したり，身近にあるものや人の名を聞いて指を差したりすること。

(イ) 次のような思考力，判断力，表現力等を身に付けること。
　　　㋐ 対象物に注意を向け，対象物の存在に注目し，諸感覚を協応させながら捉えること。
　イ　ものとものとを対応させることに関わる数学的活動を通して，次の事項を身に付けることができるよう指導する。
　　(ア) 次のような知識及び技能を身に付けること。
　　　㋐ ものとものとを対応させて配ること。
　　　㋑ 分割した絵カードを組み合わせること。
　　　㋒ 関連の深い絵カードを組み合わせること。
　　(イ) 次のような思考力，判断力，表現力等を身に付けること。
　　　㋐ ものとものとを関連付けることに注意を向け，ものの属性に注目し，仲間であることを判断したり，表現したりすること。
B　数と計算
　ア　数えることの基礎に関わる数学的活動を通して，次の事項を身に付けることができるよう指導する。
　　(ア) 次のような知識及び技能を身に付けること。
　　　㋐ ものの有無に気付くこと。
　　　㋑ 目の前のものを，1個，2個，たくさんで表すこと。
　　　㋒ 5までの範囲で数唱をすること。
　　　㋓ 3までの範囲で具体物を取ること。
　　　㋔ 対応させてものを配ること。
　　　㋕ 形や色，位置が変わっても，数は変わらないことについて気付くこと。
　　(イ) 次のような思考力，判断力，表現力等を身に付けること。
　　　㋐ 数詞とものとの関係に注目し，数のまとまりや数え方に気付き，それらを学習や生活で生かすこと。
C　図形
　ア　ものの類別や分類・整理に関わる数学的活動を通して，次の事項を身に付けることができるよう指導する。
　　(ア) 次のような知識及び技能を身に付けること。
　　　㋐ 具体物に注目して指を差したり，つかもうとしたり，目で追ったりすること。
　　　㋑ 形を観点に区別すること。
　　　㋒ 形が同じものを選ぶこと。
　　　㋓ 似ている二つのものを結び付けること。
　　　㋔ 関連の深い一対のものや絵カードを組み合わせること。
　　　㋕ 同じもの同士の集合づくりをすること。
　　(イ) 次のような思考力，判断力，表現力等を身に付けること。
　　　㋐ 対象物に注意を向け，対象物の存在に気付き，諸感覚を協応させながら具体物を捉えること。
　　　㋑ ものの属性に着目し，様々な情報から同質なものや類似したものに気付き，日常生

　　　　活の中で関心をもつこと。
　　　㋒　ものとものとの関係に注意を向け，ものの属性に気付き，関心をもって対応しながら，表現する仕方を見つけ出し，日常生活で生かすこと。
　D　測定
　　ア　身の回りにある具体物のもつ大きさに関わる数学的活動を通して，次の事項を身に付けることができるよう指導する。
　　㋐　次のような知識及び技能を身に付けること。
　　　㋐　大きさや長さなどを，基準に対して同じか違うかによって区別すること。
　　　㋑　ある・ない，大きい・小さい，多い・少ない，などの用語に注目して表現すること。
　　㋑　次のような思考力，判断力，表現力等を身に付けること。
　　　㋐　大小や多少等で区別することに関心をもち，量の大きさを表す用語に注目して表現すること。
〔数学的活動〕
　　ア　内容の「A数量の基礎」，「B数と計算」，「C図形」及び「D測定」に示す学習については，次のような数学的活動に取り組むものとする。
　　㋐　身の回りの事象を観察したり，具体物を操作したりして，数量や形に関わる活動
　　㋑　日常生活の問題を取り上げたり算数の問題を具体物などを用いて解決したりして，結果を確かめる活動

○2段階
（1）目　標
　A　数と計算
　　ア　10までの数の概念や表し方について分かり，数についての感覚をもつとともに，ものと数との関係に関心をもって関わることについての技能を身に付けるようにする。
　　イ　日常生活の事象について，ものの数に着目し，具体物や図などを用いながら数の数え方を考え，表現する力を養う。
　　ウ　数量に関心をもち，算数で学んだことの楽しさやよさを感じながら興味をもって学ぶ態度を養う。
　B　図形
　　ア　身の回りのものの形に着目し，集めたり，分類したりすることを通して，図形の違いが分かるようにするための技能を身に付けるようにする。
　　イ　身の回りのものの形に関心をもち，分類したり，集めたりして，形の性質に気付く力を養う。
　　ウ　図形に関心をもち，算数で学んだことの楽しさやよさを感じながら興味をもって学ぶ態度を養う。
　C　測定
　　ア　身の回りにある具体物の量の大きさに注目し，量の大きさの違いが分かるとともに，二つの量の大きさを比べることについての技能を身に付けるようにする。
　　イ　量に着目し，二つの量を比べる方法が分かり，一方を基準にして他方と比べる力を養う。

ウ　数量や図形に関心をもち，算数で学んだことの楽しさやよさを感じながら興味をもって学ぶ態度を養う。
　D　データの活用
　　ア　身の回りのものや身近な出来事のつながりに関心をもち，それを簡単な絵や記号などを用いた表やグラフで表したり，読み取ったりする方法についての技能を身に付けるようにする。
　　イ　身の回りのものや身近な出来事のつながりなどの共通の要素に着目し，簡単な表やグラフで表現する力を養う。
　　ウ　数量や図形に関心をもち，算数で学んだことの楽しさやよさを感じながら興味をもって学ぶ態度を養う。
(2)　内　容
　A　数と計算
　　ア　10までの数の数え方や表し方，構成に関わる数学的活動を通して，次の事項を身に付けることができるよう指導する。
　　　(ｱ)　次のような知識及び技能を身に付けること。
　　　　㋐　ものとものとを対応させることによって，ものの個数を比べ，同等・多少が分かること。
　　　　㋑　ものの集まりと対応して，数詞が分かること。
　　　　㋒　ものの集まりや数詞と対応して数字が分かること。
　　　　㋓　個数を正しく数えたり書き表したりすること。
　　　　㋔　二つの数を比べて数の大小が分かること。
　　　　㋕　数の系列が分かり，順序や位置を表すのに数を用いること。
　　　　㋖　0の意味について分かること。
　　　　㋗　一つの数を二つの数に分けたり，二つの数を一つの数にまとめたりして表すこと。
　　　　㋘　具体的な事物を加えたり，減らしたりしながら，集合数を一つの数と他の数と関係付けてみること。
　　　　㋙　10の補数が分かること。
　　　(ｲ)　次のような思考力，判断力，表現力等を身に付けること。
　　　　㋐　数詞と数字，ものとの関係に着目し，数の数え方や数の大きさの比べ方，表し方について考え，それらを学習や生活で興味をもって生かすこと。
　B　図形
　　ア　ものの分類に関わる数学的活動を通して，次の事項を身に付けることができるよう指導する。
　　　(ｱ)　次のような知識及び技能を身に付けること。
　　　　㋐　色や形，大きさに着目して分類すること。
　　　　㋑　身近なものを目的，用途及び機能に着目して分類すること。
　　　(ｲ)　次のような思考力，判断力，表現力等を身に付けること。
　　　　㋐　ものを色や形，大きさ，目的，用途及び機能に着目し，共通点や相違点について考

えて，分類する方法を日常生活で生かすこと。
イ 身の回りにあるものの形に関わる数学的活動を通して，次の事項を身に付けることができるよう指導する。
(ア) 次のような知識及び技能を身に付けること。
㋐ 身の回りにあるものの形に関心をもち，丸や三角，四角という名称を知ること。
㋑ 縦や横の線，十字，△や□をかくこと。
㋒ 大きさや色など属性の異なるものであっても形の属性に着目して，分類したり，集めたりすること。
(イ) 次のような思考力，判断力，表現力等を身に付けること。
㋐ 身の回りにあるものの形に関心を向け，丸や三角，四角を考えながら分けたり，集めたりすること。
C 測定
ア 身の回りにある具体物の量の大きさに注目し，二つの量の大きさに関わる数学的活動を通して，次の事項を身に付けることができるよう指導する。
(ア) 次のような知識及び技能を身に付けること。
㋐ 長さ，重さ，高さ及び広さなどの量の大きさが分かること。
㋑ 二つの量の大きさについて，一方を基準にして相対的に比べること。
㋒ 長い・短い，重い・軽い，高い・低い及び広い・狭いなどの用語が分かること。
(イ) 次のような思考力，判断力，表現力等を身に付けること。
㋐ 長さ，重さ，高さ及び広さなどの量を，一方を基準にして比べることに関心をもったり，量の大きさを用語を用いて表現したりすること。
D データの活用
ア ものの分類に関わる数学的活動を通して，次の事項を身に付けることができるよう指導する。
(ア) 次のような知識及び技能を身に付けること。
㋐ 身近なものを目的，用途，機能に着目して分類すること。
(イ) 次のような思考力，判断力，表現力等を身に付けること。
㋐ 身近なものの色や形，大きさ，目的及び用途等に関心を向け，共通点や相違点を考えながら，興味をもって分類すること。
イ 同等と多少に関わる数学的活動を通して，次の事項を身に付けることができるよう指導する。
(ア) 次のような知識及び技能を身に付けること。
㋐ ものとものとを対応させることによって，ものの同等や多少が分かること。
(イ) 次のような思考力，判断力，表現力等を身に付けること。
㋐ 身の回りにあるものの個数に着目して絵グラフなどに表し，多少を読み取って表現すること。
ウ ○×を用いた表に関わる数学的活動を通して，次の事項を身に付けることができるよう指導する。

(ｱ)　次のような知識及び技能を身に付けること。
　　　㋐　身の回りの出来事から○×を用いた簡単な表を作成すること。
　　　㋑　簡単な表で使用する○×の記号の意味が分かること。
　(ｲ)　次のような思考力，判断力，表現力等を身に付けること。
　　　㋐　身の回りの出来事を捉え，○×を用いた簡単な表で表現すること。
〔数学的活動〕
　ア　内容の「A数と計算」，「B図形」，「C測定」及び「Dデータの活用」に示す学習については，次のような数学的活動に取り組むものとする。
　(ｱ)　身の回りの事象を観察したり，具体物を操作したりする活動
　(ｲ)　日常生活の問題を具体物などを用いて解決したり結果を確かめたりする活動
　(ｳ)　問題解決した過程や結果を，具体物などを用いて表現する活動

○3段階
(1)　目　標
　A　数と計算
　　ア　100までの数の概念や表し方について理解し，数に対する感覚を豊かにするとともに，加法，減法の意味について理解し，これらの簡単な計算ができるようにすることについての技能を身に付けるようにする。
　　イ　日常の事象について，ものの数に着目し，具体物や図などを用いながら数の数え方や計算の仕方を考え，表現する力を養う。
　　ウ　数量の違いを理解し，算数で学んだことのよさや楽しさを感じながら学習や生活に活用しようとする態度を養う。
　B　図形
　　ア　身の回りのものの形の観察などの活動を通して，図形についての感覚を豊かにするとともに，ものについて，その形の合同，移動，位置，機能及び角の大きさの意味に関わる基礎的な知識を理解することなどについての技能を身に付けるようにする。
　　イ　身の回りのものの形に着目し，ぴったり重なる形，移動，ものの位置及び機能的な特徴等について具体的に操作をして考える力を養う。
　　ウ　図形や数量の違いを理解し，算数で学んだことのよさや楽しさを感じながら学習や生活に活用しようとする態度を養う。
　C　測定
　　ア　身の回りにある長さや体積などの量の単位と測定の意味について理解し，量の大きさについての感覚を豊かにするとともに，測定することなどについての技能を身に付けるようにする。
　　イ　身の回りにある量の単位に着目し，目的に応じて量を比較したり，量の大小及び相等関係を表現したりする力を養う。
　　ウ　数量や図形の違いを理解し，算数で学んだことのよさや楽しさを感じながら学習や生活に活用しようとする態度を養う。
　D　データの活用

ア　身の回りにある事象を，簡単な絵や図を用いて整理したり，記号に置き換えて表したりしながら，読み取り方について理解することについての技能を身に付けるようにする。
　イ　身の回りの事象を，比較のために簡単な絵や図に置き換えて簡潔に表現したり，データ数を記号で表現したりして，考える力を養う。
　ウ　数量や図形の違いを理解し，算数で学んだことのよさや楽しさを感じながら学習や生活に活用しようとする態度を養う。
(2) 内　容
A　数と計算
　ア　100までの整数の表し方に関わる数学的活動を通して，次の事項を身に付けることができるよう指導する。
　　㈠　次のような知識及び技能を身に付けること。
　　　㋐　20までの数について，数詞を唱えたり，個数を数えたり書き表したり，数の大小を比べたりすること。
　　　㋑　100までの数について，数詞を唱えたり，個数を数えたり書き表したり，数の系列を理解したりすること。
　　　㋒　数える対象を2ずつや5ずつのまとまりで数えること。
　　　㋓　数を10のまとまりとして数えたり，10のまとまりと端数に分けて数えたり書き表したりすること。
　　　㋔　具体物を分配したり等分したりすること。
　　㈡　次のような思考力，判断力，表現力等を身に付けること。
　　　㋐　数のまとまりに着目し，数の数え方や数の大きさの比べ方，表し方について考え，学習や生活で生かすこと。
　イ　整数の加法及び減法に関わる数学的活動を通して，次の事項を身に付けることができるよう指導する。
　　㈠　次のような知識及び技能を身に付けること。
　　　㋐　加法が用いられる合併や増加等の場合について理解すること。
　　　㋑　加法が用いられる場面を式に表したり，式を読み取ったりすること。
　　　㋒　1位数と1位数との加法の計算ができること。
　　　㋓　1位数と2位数との和が20までの加法の計算ができること。
　　　㋔　減法が用いられる求残や減少等の場合について理解すること。
　　　㋕　減法が用いられる場面を式に表したり，式を読み取ったりすること。
　　　㋖　20までの数の範囲で減法の計算ができること。
　　㈡　次のような思考力，判断力，表現力等を身に付けること。
　　　㋐　日常の事象における数量の関係に着目し，計算の意味や計算の仕方を見付け出したり，学習や生活で生かしたりすること。
B　図形
　ア　身の回りにあるものの形に関わる数学的活動を通して，次の事項を身に付けることができるよう指導する。

(ア)　次のような知識及び技能を身に付けること。
　　　　㋐　ものの形に着目し，身の回りにあるものの特徴を捉えること。
　　　　㋑　具体物を用いて形を作ったり分解したりすること。
　　　　㋒　前後，左右，上下など方向や位置に関する言葉を用いて，ものの位置を表すこと。
　　(イ)　次のような思考力，判断力，表現力等を身に付けること。
　　　　㋐　身の回りにあるものから，いろいろな形を見付けたり，具体物を用いて形を作ったり分解したりすること。
　　　　㋑　身の回りにあるものの形を図形として捉えること。
　　　　㋒　身の回りにあるものの形の観察などをして，ものの形を認識したり，形の特徴を捉えたりすること。
　イ　角の大きさに関わる数学的活動を通して，次の事項を身に付けることができるよう指導する。
　　(ア)　次のような知識及び技能を身に付けること。
　　　　㋐　傾斜をつくると角ができることを理解すること。
　　(イ)　次のような思考力，判断力，表現力等を身に付けること。
　　　　㋐　傾斜が変化したときの斜面と底面の作り出す開き具合について，大きい・小さいと表現すること。

C　測定
　ア　身の回りのものの量の単位と測定に関わる数学的活動を通して，次の事項を身に付けることができるよう指導する。
　　(ア)　次のような知識及び技能を身に付けること。
　　　　㋐　長さ，広さ，かさなどの量を直接比べる方法について理解し，比較すること。
　　　　㋑　身の回りにあるものの大きさを単位として，その幾つ分かで大きさを比較すること。
　　(イ)　次のような思考力，判断力，表現力等を身に付けること。
　　　　㋐　身の回りのものの長さ，広さ及びかさについて，その単位に着目して大小を比較したり，表現したりすること。
　イ　時刻や時間に関わる数学的活動を通して，次の事項を身に付けることができるよう指導する。
　　(ア)　次のような知識及び技能を身に付けること。
　　　　㋐　日常生活の中で時刻を読むこと。
　　　　㋑　時間の単位（日，午前，午後，時，分）について知り，それらの関係を理解すること。
　　(イ)　次のような思考力，判断力，表現力等を身に付けること。
　　　　㋐　時刻の読み方を日常生活に生かして，時刻と生活とを結び付けて表現すること。

D　データの活用
　ア　身の回りにある事象を簡単な絵や図，記号に置き換えることに関わる数学的活動を通して，次の事項を身に付けることができるよう指導する。
　　(ア)　次のような知識及び技能を身に付けること。
　　　　㋐　ものとものとの対応やものの個数について，簡単な絵や図に表して整理したり，そ

れらを読んだりすること。
　　㋑　身の回りにあるデータを簡単な記号に置き換えて表し，比較して読み取ること。
　(イ)　次のような思考力，判断力，表現力等を身に付けること。
　　㋐　個数の把握や比較のために簡単な絵や図，記号に置き換えて簡潔に表現すること。
〔数学的活動〕
　ア　内容の「A数と計算」，「B図形」，「C測定」及び「Dデータの活用」に示す学習については，次のような数学的活動に取り組むものとする。
　(ア)　身の回りの事象を観察したり，具体物を操作したりして，算数に主体的に関わる活動
　(イ)　日常生活の事象から見いだした算数の問題を，具体物，絵図，式などを用いて解決し，結果を確かめる活動
　(ウ)　問題解決した過程や結果を，具体物や絵図，式などを用いて表現し，伝え合う活動
3　指導計画の作成と内容の取扱い
(1)　指導計画の作成に当たっては，次の事項に配慮するものとする。
　ア　単元など内容や時間のまとまりを見通して，その中で育むべき資質・能力の育成に向けて，数学的活動を通して，児童の主体的・対話的で深い学びの実現を図るようにすること。その際，数学的な見方・考え方を働かせながら，日常の事象を数理的に捉え，算数の問題を見いだし，問題を自立的，協働的に解決し，学習の過程を振り返り，概念を形成するなどの学習の充実を図ること。
　イ　数量や図形についての基礎的な能力の維持や向上を図るため，適宜練習の機会を設けて計画的に指導すること。また，段階間の指導内容を円滑に接続させるため，適切な反復による学習を進めるようにすること。
　ウ　2の内容の「A数と計算（1段階はB）」，「B図形（1段階はC）」，「C測定（1段階はD）」及び「Dデータの活用（1段階はA「数量の基礎」）」の指導の間の関連を図ること。
(2)　2の内容の取扱いについては，次の事項に配慮するものとする。
　ア　思考力，判断力，表現力等を育成するため，各段階の内容の指導に当たっては，具体物，言葉，数，式，図，表，グラフなどを用いて考えたり，説明したり，互いに自分の考えを表現し伝え合ったりするなどの学習活動を積極的に取り入れるようにすること。
　イ　「A数と計算（1段階はB）」の指導に当たっては，具体物などの教具を適宜用いて，数と計算についての意味の理解を深めるよう留意すること。
　ウ　1段階の内容に示す事項については，次の(ア)から(ウ)までに留意するものとする。
　　(ア)　内容の「A数量の基礎」のアの(ア)の㋐及び㋑，(イ)の㋐に示す事項については，内容の「C図形」のアの(ア)の㋐から㋕まで及び(イ)の㋐から㋒までの基礎的な事項として関連付けながら取り上げること。
　　(イ)　内容の「A数量の基礎」のイについては，分割した絵カードや関連の深い絵カードを組み合わせるなど，初歩的な分析や総合について取り扱うものとする。
　　(ウ)　内容の「C図形」のアの(ア)の㋐については，様々な情報のうちから，必要な情報のみを取り出し，他を捨象することを取り扱うものとする。また，㋑から㋕までの類別や分類・整理につながるよう配慮するものとする。

エ　2段階の内容に示す事項については，次の(ア)から(ウ)までに留意するものとする。
　(ア)　内容の「A数と計算」の指導に当たっては，次の㋐及び㋑についての金銭の価値に親しむことを取り扱うものとする。
　　㋐　金種を用いる。
　　㋑　様々な種類の貨幣のもつ価値を知る。
　(イ)　内容の「B図形」のアの(ア)の㋑については，相違点や類似点に着目して分類することを取り扱うものとする。
　(ウ)　内容の「Dデータの活用」のアの(ア)の㋐については，分類してまとめたもの同士の数量に着目できるよう配慮するものとする。
オ　3段階の内容に示す事項については，次の(ア)から(オ)までに留意するものとする。
　(ア)　内容の「A数と計算」の指導に当たっては，次の㋐についての金銭の価値に親しむことを取り扱うものとする。
　　㋐　金種の理解
　　　a　金種を用いる。
　　　b　様々な種類の貨幣のもつ価値を理解する。
　　　c　おつりを扱うこと。
　(イ)　内容の「B図形」の指導に当たっては，次の㋐の基礎的事項と関連付けながら取り上げること。
　　㋐　大きさとしての角の理解
　　　a　身の回りにある直角を紙に写し取ったり，紙粘土でつくったりして「形としての角」を抽出する。
　　　b　角度を変えるなどの操作を通して「大きさとしての角」を実感できるようにする。
　(ウ)　内容の「C測定」の指導に当たっては，次の㋐から㋒までの基礎的な事項と関連付けながら取り上げること。
　　㋐　量の保存性に対する理解
　　　a　量を他の位置に移すことや分割していくつかに分けること，また，そのときに見かけの形が変わることなどを体験できるようにする。
　　　b　見かけの形を元に戻したときに量の大きさが変わっていないということから，保存性について確かめるようにする。
　　㋑　量の性質の理解
　　　a　量の概念を理解し，豊かにするために，「量の比較性」，「量の測定性」，「量の加法性」に関わる体験を重視する。
　　㋒　時計の理解
　　　a　アナログ時計の長針と短針とを区別して捉えることができるようにする。
　　　b　アナログ時計の時は短針で決まること，分は長針が指す目盛りで決まることを理解できるようにする。
　(エ)　内容の「C測定」のウの(ア)については，直接的な表示により時刻に関心をもちやすいデジタル方式を取り扱うことができるよう配慮するものとする。

(オ)　内容の「C測定」のウ及び「Dデータの活用」のアの(ア)の㋐については，児童の日常生活に関連する学習と関連付けながら取り上げること。
　(3)　数学的活動の指導に当たっては，次の事項に配慮するものとする。
　　ア　数学的活動は，基礎的・基本的な知識及び技能を確実に身に付けたり，思考力，判断力，表現力等を高めたり，算数を学ぶことの楽しさを実感したりするために，重要な役割を果たすものであることから，2の内容の「A数と計算（1段階はB）」，「B図形（1段階はC）」，「C測定（1段階はD）」及び「Dデータの活用（1段階は「A数量の基礎」）」に示す事項については，数学的活動を通して指導するようにすること。
　　イ　数学的活動を楽しめるようにするとともに，算数を生活に活用することなどについて実感する機会を設けること。

〔音　楽〕
1　目　標
　表現及び鑑賞の活動を通して，音楽的な見方・考え方を働かせ，生活の中の音や音楽に興味や関心をもって関わる資質・能力を次のとおり育成することを目指す。
　(1)　曲名や曲想と音楽のつくりについて気付くとともに，感じたことを音楽表現するために必要な技能を身に付けるようにする。
　(2)　感じたことを表現することや，曲や演奏の楽しさを見いだしながら，音や音楽の楽しさを味わって聴くことができるようにする。
　(3)　音や音楽に楽しく関わり，協働して音楽活動をする楽しさを感じるとともに，身の回りの様々な音楽に親しむ態度を養い，豊かな情操を培う。
2　各段階の目標及び内容
○1段階
　(1)　目　標
　　ア　音や音楽に注意を向けて気付くとともに，関心を向け，音楽表現を楽しむために必要な身体表現，器楽，歌唱，音楽づくりにつながる技能を身に付けるようにする。
　　イ　音楽的な表現を楽しむことや，音や音楽に気付きながら関心や興味をもって聴くことができるようにする。
　　ウ　音や音楽に気付いて，教師と一緒に音楽活動をする楽しさを感じるとともに，音楽経験を生かして生活を楽しいものにしようとする態度を養う。
　(2)　内　容
　　A　表　現
　　ア　音楽遊びの活動を通して，次の事項を身に付けることができるよう指導する。
　　　(ア)　音や音楽遊びについての知識や技能を得たり生かしたりしながら，音や音楽を聴いて，自分なりに表そうとすること。
　　　(イ)　表現する音や音楽に気付くこと。
　　　(ウ)　思いに合った表現をするために必要な次の㋐から㋒までの技能を身に付けること。
　　　　㋐　音や音楽を感じて体を動かす技能

(イ)　音や音楽を感じて楽器の音を出す技能
　　　(ウ)　音や音楽を感じて声を出す技能
　B　鑑　賞
　　ア　音楽遊びの活動を通して，次の事項を身に付けることができるよう指導する。
　　(ア)　音や音楽遊びについての知識や技能を得たり生かしたりしながら，音や音楽を聴いて，自分なりの楽しさを見付けようとすること。
　　(イ)　聴こえてくる音や音楽に気付くこと。
○2段階
(1)　目　標
　　ア　曲名や曲想と簡単な音楽のつくりについて気付くとともに，音楽表現を楽しむために必要な身体表現，器楽，歌唱，音楽づくりの技能を身に付けるようにする。
　　イ　音楽表現を工夫することや，表現することを通じて，音や音楽に興味をもって聴くことができるようにする。
　　ウ　音や音楽に関わり，教師と一緒に音楽活動をする楽しさに興味をもちながら，音楽経験を生かして生活を明るく楽しいものにしようとする態度を養う。
(2)　内　容
　A　表　現
　　ア　歌唱の活動を通して，次の事項を身に付けることができるよう指導する。
　　(ア)　歌唱表現についての知識や技能を得たり生かしたりしながら，好きな歌ややさしい旋律の一部分を自分なりに歌いたいという思いをもつこと。
　　(イ)　次の㋐及び㋑について気付くこと。
　　　　㋐　曲の特徴的なリズムと旋律
　　　　㋑　曲名や歌詞に使われている特徴的な言葉
　　(ウ)　思いに合った表現をするために必要な次の㋐から㋒までの技能を身に付けること。
　　　　㋐　範唱を聴いて，曲の一部分を模唱する技能
　　　　㋑　自分の歌声に注意を向けて歌う技能
　　　　㋒　教師や友達と一緒に歌う技能
　　イ　器楽の活動を通して，次の事項を身に付けることができるよう指導する。
　　(ア)　器楽表現についての知識や技能を得たり生かしたりしながら，身近な打楽器などに親しみ音を出そうとする思いをもつこと。
　　(イ)　次の㋐及び㋑について気付くこと。
　　　　㋐　拍や曲の特徴的なリズム
　　　　㋑　楽器の音色の違い
　　(ウ)　思いに合った表現をするために必要な次の㋐から㋒までの技能を身に付けること。
　　　　㋐　範奏を聴き，模倣をして演奏する技能
　　　　㋑　身近な打楽器を演奏する技能
　　　　㋒　教師や友達と一緒に演奏する技能
　　ウ　音楽づくりの活動を通して，次の事項を身に付けることができるよう指導する。

(ア) 音楽づくりについての知識や技能を得たり生かしたりしながら，次の㋐及び㋑をできるようにすること。
　　　　㋐ 音遊びを通して，音の面白さに気付くこと。
　　　　㋑ 音や音楽で表現することについて思いをもつこと。
　　　(イ) 次の㋐及び㋑について，それらが生み出す面白さなどに触れて気付くこと。
　　　　㋐ 声や身の回りの様々な音の特徴
　　　　㋑ 音のつなげ方の特徴
　　　(ウ) 気付きを生かした表現や思いに合った表現をするために必要な次の㋐及び㋑の技能を身に付けること。
　　　　㋐ 音を選んだりつなげたりして，表現する技能
　　　　㋑ 教師や友達と一緒に簡単な音や音楽をつくる技能
　　エ　身体表現の活動を通して，次の事項を身に付けることができるよう指導する。
　　　(ア) 身体表現についての知識や技能を得たり生かしたりしながら，簡単なリズムの特徴を感じ取り，体を動かすことについて思いをもつこと。
　　　(イ) 次の㋐及び㋑について気付くこと。
　　　　㋐ 拍や曲の特徴的なリズム
　　　　㋑ 曲名と動きとの関わり
　　　(ウ) 思いに合った動きで表現するために必要な次の㋐から㋒までの技能を身に付けること。
　　　　㋐ 示範を見て模倣したり，拍や特徴的なリズムを意識したりして手足や身体全体を動かす技能
　　　　㋑ 音や音楽を聴いて，手足や身体全体を自然に動かす技能
　　　　㋒ 教師や友達と一緒に体を動かす技能
　B　鑑賞
　　ア　鑑賞の活動を通して，次の事項を身に付けることができるよう指導する。
　　　(ア) 鑑賞についての知識を得たり生かしたりしながら，身近な人の演奏を見たり，体の動きで表したりしながら聴くこと。
　　　(イ) 身近な人の演奏に触れて，好きな音色や楽器の音を見付けること。
○3段階
 (1) 目　標
　　ア　曲名や曲想と音楽のつくりについて気付くとともに，音楽表現を楽しむために必要な身体表現，器楽，歌唱，音楽づくりの技能を身に付けるようにする。
　　イ　音楽表現に対する思いをもつことや，曲や演奏の楽しさを見いだしながら音楽を味わって聴くことができるようにする。
　　ウ　音や音楽に楽しく関わり，協働して音楽活動をする楽しさを感じながら，身の回りの様々な音楽に興味をもつとともに，音楽経験を生かして生活を明るく潤いのあるものにしようとする態度を養う。
 (2) 内　容
　A　表　現

ア 歌唱の活動を通して，次の事項を身に付けることができるよう指導する。
　(ア) 歌唱表現についての知識や技能を得たり生かしたりしながら，歌唱表現に対する思いをもつこと。
　(イ) 次の㋐及び㋑について気付くこと。
　　㋐ 曲の雰囲気と曲の速さや強弱との関わり
　　㋑ 曲名や歌詞に使われている言葉から受けるイメージと曲の雰囲気との関わり
　(ウ) 思いに合った歌い方で歌うために必要な次の㋐から㋒までの技能を身に付けること。
　　㋐ 範唱を聴いて歌ったり，歌詞やリズムを意識して歌ったりする技能
　　㋑ 自分の歌声の大きさや発音などに気を付けて歌う技能
　　㋒ 教師や友達と一緒に声を合わせて歌う技能
イ 器楽の活動を通して，次の事項を身に付けることができるよう指導する。
　(ア) 器楽表現についての知識や技能を得たり生かしたりしながら，器楽表現に対する思いをもつこと。
　(イ) 次の㋐及び㋑について気付くこと。
　　㋐ リズム，速度や強弱の違い
　　㋑ 演奏の仕方による楽器の音色の違い
　(ウ) 思いに合った表現をするために必要な次の㋐から㋒までの技能を身に付けること。
　　㋐ 簡単な楽譜などを見てリズム演奏などをする技能
　　㋑ 身近な打楽器や旋律楽器を使って演奏する技能
　　㋒ 教師や友達の楽器の音を聴いて演奏する技能
ウ 音楽づくりの活動を通して，次の事項を身に付けることができるよう指導する。
　(ア) 音楽づくりについての知識や技能を得たり生かしたりしながら，次の㋐及び㋑をできるようにすること。
　　㋐ 音遊びを通して，音の面白さに気付いたり，音楽づくりの発想を得たりすること。
　　㋑ どのように音を音楽にしていくかについて思いをもつこと。
　(イ) 次の㋐及び㋑について，それらが生み出す面白さなどと関わって気付くこと。
　　㋐ 声や身の回りの様々な音の特徴
　　㋑ 簡単なリズム・パターンの特徴
　(ウ) 気付きや発想を生かした表現や，思いに合った表現をするために必要な次の㋐及び㋑の技能を身に付けること。
　　㋐ 音を選んだりつなげたりして表現する技能
　　㋑ 教師や友達と一緒に音楽の仕組みを用いて，簡単な音楽をつくる技能
エ 身体表現の活動を通して，次の事項を身に付けることができるよう指導する。
　(ア) 身体表現についての知識や技能を得たり生かしたりしながら，簡単なリズムや旋律の特徴，歌詞を感じ取り，体を動かすことについて思いをもつこと。
　(イ) 次の㋐及び㋑の関わりについて気付くこと。
　　㋐ 曲のリズム，速度，旋律
　　㋑ 曲名，拍やリズムを表す言葉やかけ声，歌詞の一部

(ｳ)　思いに合った体の動きで表現するために必要な次の⑦から⑨までの技能を身に付けること。
　　　　⑦　示範を見たり，拍やリズム，旋律を意識したりして，身体表現をする技能
　　　　④　音や音楽を聴いて，様々な体の動きで表現する技能
　　　　⑨　教師や友達と一緒に体を使って表現する技能
　　B　鑑　賞
　　　ア　鑑賞の活動を通して，次の事項を身に付けることができるよう指導する。
　　　(ｱ)　鑑賞についての知識を得たり生かしたりしながら，曲や演奏の楽しさを見いだして聴くこと。
　　　(ｲ)　曲想や楽器の音色，リズムや速度，旋律の特徴に気付くこと。

〔共通事項〕
(1)　「A表現」及び「B鑑賞」の指導を通して，次の事項を身に付けることができるよう指導する。
　　ア　音楽を形づくっている要素を聴き取り，それらの働きが生み出すよさや面白さ，美しさを感じ取りながら，聴き取ったことと感じとったこととの関わりについて考えること。
　　イ　絵譜や色を用いた音符，休符，記号や用語について，音楽における働きと関わらせて，その意味に触れること。
3　指導計画の作成と内容の取扱い
(1)　指導計画の作成に当たっては，次の事項に配慮するものとする。
　　ア　題材など内容や時間のまとまりを見通して，その中で育む資質・能力の育成に向けて，児童の主体的・対話的で深い学びの実現を図るようにすること。その際，音楽的な見方・考え方を働かせ，他者と協働しながら，音楽表現を生み出したり音楽を聴いてそのよさなどを見いだしたりするなど，思考，判断し，表現する一連の過程を大切にした学習の充実を図ること。
　　イ　2の目標及び内容の「A表現」のアからエまで（1段階はア）の指導については，(ｱ)，(ｲ)及び(ｳ)の各事項を，「B鑑賞」のアの指導については，(ｱ)及び(ｲ)の各事項を，適切に関連させて指導すること。
　　ウ　2の目標及び内容の〔共通事項〕は，表現及び鑑賞の学習において共通に必要となる資質・能力であり，「A表現」及び「B鑑賞」の指導と併せて，十分な指導が行われるよう工夫すること。
　　エ　2の目標及び内容の「A表現」のアからエまで（1段階はア）及び「B鑑賞」のアの指導については，適宜，〔共通事項〕を要として各領域や分野の関連を図るようにすること。
　　オ　国歌「君が代」は，時期に応じて適切に指導すること。
　　カ　各段階においては，児童の発達の段階と生活年齢を考慮すること。
(2)　2の内容の取扱いについては，次の事項に配慮するものとする。
　　ア　各段階の指導に当たっては，音や音楽との一体感を味わえるようにするため，指導のねらいに即して体を動かす活動を取り入れるようにすること。

イ　各段階の指導に当たっては，音や音楽及び言葉によるコミュニケーションを図る指導を工夫すること。その際，児童の言語理解や発声・発語の状況等を考慮し，必要に応じてコンピュータや教育機器も活用すること。
ウ　児童が学校内における音楽活動とのつながりを意識できるような機会を作るなど，児童や学校，地域の実態に応じ，生活や社会の中の音や音楽と主体的に関わっていくことができるよう配慮すること。
エ　合奏や合唱などの活動を通して和音のもつ表情を感じることができるようにすること。また，長調及び短調の曲においては，Ⅰ，Ⅳ，Ⅴ及びⅤ7などの和音を中心に指導すること。
オ　我が国や郷土の音楽の指導に当たっては，そのよさなどを感じ取って表現したり鑑賞したりできるよう，楽譜や音源等の示し方，伴奏の仕方，曲に合った歌い方や楽器の演奏の仕方など指導方法について工夫すること。
カ　各段階の「A表現」のアの歌唱の指導に当たっては，次のとおり取り扱うこと。
　(ｱ)　児童の実態や学習状況及び必要に応じて適宜，移動ド唱法を取り上げるようにすること。
　(ｲ)　成長に伴う声の変化に気付くことができるよう，変声期の児童に対して適切に配慮すること。
キ　各段階の「A表現」のイ（1段階はア）の楽器については，次のとおり取り扱うこと。
　(ｱ)　各段階で取り上げる打楽器は，簡単に演奏できる楽器，木琴，鉄琴，和楽器，諸外国に伝わる様々な楽器を含めて，児童の実態や発達の段階を考慮して選択すること。
　(ｲ)　各段階で取り上げる身近な楽器は，様々な打楽器，鍵盤ハーモニカなどの中から児童の実態や発達の段階を考慮して選択すること。
　(ｳ)　3段階で取り上げる旋律楽器は，既習の楽器を含めて，鍵盤楽器などの中から児童の実態や発達の段階を考慮して選択すること。
　(ｴ)　合奏で扱う楽器については，リズム，旋律，和音などの各声部の演奏ができるよう，楽器の特性を生かして選択すること。
ク　2段階及び3段階の「A表現」のウの音楽づくりの指導に当たっては，次のとおり取り扱うこと。
　(ｱ)　音遊びや即興的な表現では，リズムや旋律を模倣したり，身近なものから多様な音を探したりして，音楽づくりのための発想を得ることができるよう指導すること。
　(ｲ)　どのような音楽を，どのようにしてつくるかなどについて，児童の実態に応じて具体的な例を示しながら指導すること。
　(ｳ)　つくった音楽については，指導のねらいに即し，必要に応じて記録できるようにすること。記録の仕方については，図や絵によるものなど，柔軟に指導すること。
　(ｴ)　拍のないリズム，我が国の音楽に使われている音階や調性にとらわれない音階などを児童の実態に応じて取り上げるようにすること。
ケ　各段階の「B鑑賞」の指導に当たっては，気付いたり感じたりしたことを体の動きで表現したり，絵に描いたり，言葉で表現したりできるよう指導を工夫すること。
コ　2の目標及び内容の〔共通事項〕の(1)のアに示す「音楽を形づくっている要素」につい

ては，児童の発達の段階や指導のねらいに応じて，次の(ア)及び(イ)を適切に選択したり関連付けたりして必要に応じて指導すること。
　(ア) 音楽を特徴付けている要素
　　　㋐ 音色，リズム，速度，旋律，強弱，音の重なり，和音の響き，音階，調，拍，フレーズなど
　(イ) 音楽の仕組み
　　　㋐ 反復，呼びかけとこたえ，変化，音楽の縦と横との関係など
サ 〔共通事項〕の(1)のイに示す「音符，休符，記号や用語」については，児童の実態や学習状況を考慮して取り扱うこと。
シ 歌唱教材は，次に示すものを取り扱うこと。
　(ア) 児童の生活年齢及び発達の段階に応じた，日常の生活に関連した曲
　(イ) 主となる歌唱教材については，(ウ)の共通教材を含めて，人々に長く親しまれている音楽など，いろいろな種類の曲
　(ウ) 共通教材は，次に示すものとする。

　　「うみ」　　　　　　　（文部省唱歌）　　林　柳波作詞　　井上武士作曲
　　「かたつむり」　　　　（文部省唱歌）
　　「日のまる」　　　　　（文部省唱歌）　　高野辰之作詞　　岡野貞一作曲
　　「ひらいたひらいた」　（わらべうた）
　　「かくれんぼ」　　　　（文部省唱歌）　　林　柳波作詞　　下総皖一作曲
　　「春がきた」　　　　　（文部省唱歌）　　高野辰之作詞　　岡野貞一作曲
　　「虫のこえ」　　　　　（文部省唱歌）
　　「夕やけこやけ」　　　　　　　　　　　　中村雨紅作詞　　草川　信作曲

ス 器楽教材は，次に示すものを取り扱うこと。
　(ア) 児童の生活年齢及び発達の段階に応じた，指導のねらいとの関係において適切であり，身近で親しみのもてるもの。
　(イ) 主となる器楽教材については，既習の歌唱教材を含め，主旋律に簡単なリズム伴奏を加えた曲。
セ 音楽づくり教材は，次に示すものを取り扱うこと。
　(ア) 児童の生活年齢及び発達の段階に応じた指導のねらいとの関係において適切であり，身近で親しみのもてるもの。
ソ 音や音楽の特徴を身体表現にするために適した教材は，次に示すものを取り扱うこと。
　(ア) 主となる教材については，既習の歌唱教材や器楽教材を含め，音や音楽を聴いて体を動かすことができるものを中心に，児童の生活年齢及び発達の段階に応じた指導のねらいとの関係において適切であり，親しみのもてるもの。
タ 鑑賞教材は，次に示すものを取り扱うこと。
　(ア) 主となる鑑賞教材については，既習の歌唱教材や器楽教材を含め，児童の生活年齢及び発達の段階に応じた，曲想を感じ取り，情景を思い浮かべやすい，いろいろな種類の曲。

(イ)　音楽を形づくっている要素の働きを感じ取りやすく，聴く楽しさを感じやすい曲。
　　(ウ)　楽器の音色や人の声の表現の違いを聴き取りやすい，いろいろな演奏形態による曲。

〔図画工作〕
1　目　標
　表現及び鑑賞の活動を通して，造形的な見方・考え方を働かせ，生活や社会の中の形や色などと豊かに関わる資質・能力を次のとおり育成することを目指す。
　(1)　形や色などの造形的な視点に気付き，表したいことに合わせて材料や用具を使い，表し方を工夫してつくることができるようにする。
　(2)　造形的なよさや美しさ，表したいことや表し方などについて考え，発想や構想をしたり，身の回りの作品などから自分の見方や感じ方を広げたりすることができるようにする。
　(3)　つくりだす喜びを味わうとともに，感性を育み，楽しく豊かな生活を創造しようとする態度を養い，豊かな情操を培う。
2　各段階の目標及び内容
○1段階
　(1)　目　標
　　ア　形や色などに気付き，材料や用具を使おうとするようにする。
　　イ　表したいことを思い付いたり，作品を見たりできるようにする。
　　ウ　進んで表したり見たりする活動に取り組み，つくりだすことの楽しさに気付くとともに，形や色などに関わることにより楽しい生活を創造しようとする態度を養う。
　(2)　内　容
　　A　表　現
　　ア　線を引く，絵をかくなどの活動を通して，次の事項を身に付けることができるよう指導する。
　　　(ア)　材料などから，表したいことを思い付くこと。
　　　(イ)　身の回りの自然物などに触れながらかく，切る，ぬる，はるなどすること。
　　B　鑑　賞
　　ア　身の回りにあるものや自分たちの作品などを鑑賞する活動を通して，次の事項を身に付けることができるよう指導する。
　　　(ア)　身の回りにあるものなどを見ること。
　〔共通事項〕
　　ア　「A表現」及び「B鑑賞」の指導を通して，次の事項を身に付けることができるよう指導する。
　　　(ア)　自分が感じたことや行ったことを通して，形や色などについて気付くこと。
　　　(イ)　形や色などを基に，自分のイメージをもつこと。
○2段階
　(1)　目　標
　　ア　形や色などの違いに気付き，表したいことを基に材料や用具を使い，表し方を工夫して

つくるようにする。
    イ　表したいことを思い付いたり，作品などの面白さや楽しさを感じ取ったりすることができるようにする。
    ウ　進んで表現や鑑賞の活動に取り組み，つくりだす喜びを感じるとともに，形や色などに関わることにより楽しく豊かな生活を創造しようとする態度を養う。
  (2)　内　容
   A　表現
    ア　身近な出来事や思ったことを基に絵をかく，粘土で形をつくるなどの活動を通して，次の事項を身に付けることができるよう指導する。
     (ｱ)　材料や，感じたこと，想像したこと，見たことから表したいことを思い付くこと。
     (ｲ)　身近な材料や用具を使い，かいたり，形をつくったりすること。
   B　鑑賞
    ア　身の回りにあるものや自分たちの作品などを鑑賞する活動を通して，次の事項を身に付けることができるよう指導する。
     (ｱ)　身近にあるものなどの形や色の面白さについて感じ取り，自分の見方や感じ方を広げること。
   〔共通事項〕
    ア　「A表現」及び「B鑑賞」の指導を通して，次の事項を身に付けることができるよう指導する。
     (ｱ)　自分が感じたことや行ったことを通して，形や色などの違いに気付くこと。
     (ｲ)　形や色などを基に，自分のイメージをもつこと。
○3段階
  (1)　目　標
    ア　形や色などの造形的な視点に気付き，表したいことに合わせて材料や用具を使い，表し方を工夫してつくるようにする。
    イ　造形的なよさや美しさ，表したいことや表し方などについて考え，発想や構想をしたり，身の回りの作品などから自分の見方や感じ方を広げたりすることができるようにする。
    ウ　進んで表現や鑑賞の活動に取り組み，つくりだす喜びを味わうとともに，感性を育み，形や色などに関わることにより楽しく豊かな生活を創造しようとする態度を養う。
  (2)　内　容
   A　表現
    ア　日常生活の出来事や思ったことを基に絵をかいたり，作品をつくったりする活動を通して，次の事項を身に付けることができるよう指導する。
     (ｱ)　材料や，感じたこと，想像したこと，見たこと，思ったことから表したいことを思い付くこと。
     (ｲ)　様々な材料や用具を使い，工夫して絵をかいたり，作品をつくったりすること。
   B　鑑　賞
    ア　自分たちの作品や身の回りにある作品などを鑑賞する活動を通して，次の事項を身に付

けることができるよう指導する。
　　　(ｱ)　自分たちの作品や，日常生活の中にあるものなどの形や色，表し方の面白さなどについて，感じ取り，自分の見方や感じ方を広げること。
　〔共通事項〕
　　ア　「A表現」及び「B鑑賞」の指導を通して，次の事項を身に付けることができるよう指導する。
　　　(ｱ)　自分の感覚や行為を通して，形や色などの感じに気付くこと。
　　　(ｲ)　形や色などの感じを基に，自分のイメージをもつこと。
　3　指導計画の作成と内容の取扱い
　(1)　指導計画の作成に当たっては，次の事項に配慮するものとする。
　　ア　題材など内容や時間のまとまりを見通して，その中で育む資質・能力の育成に向けて，児童の主体的・対話的で深い学びの実現を図るようにすること。その際，造形的な見方・考え方を働かせ，表現したり鑑賞したりする資質・能力を相互に関連させた学習の充実を図ること。
　　イ　2の各段階の内容の「A表現」及び「B鑑賞」の指導に当たっては，相互の関連を図るようにすること。ただし，「B鑑賞」の指導に当たっては，指導の効果を高めるための必要がある場合には，児童や学校の実態に応じ，独立して行うようにすること。
　　ウ　2の各段階の内容の〔共通事項〕は，表現及び鑑賞の学習において共通に必要となる資質・能力であり，「A表現」及び「B鑑賞」の各事項の指導と併せて，十分な指導が行われるよう工夫すること。
　　エ　2の各段階の内容の「A表現」の指導に当たっては，適宜共同してつくりだす活動を取り上げるようにすること。
　　オ　2の各段階の内容の「B鑑賞」に当たっては，感じたことや思ったことを周りの人と共有できる機会を設けるようにすること。
　　カ　2の各段階の指導に当たっては，他教科や特別活動等との関連を図り，総合的に活動することで，指導の効果を高めるようにすること。
　(2)　2の各段階の内容の取扱いについては，次の事項に配慮するものとする。
　　ア　造形活動においては，材料や用具の安全な使い方について指導するとともに活動場所を事前に点検するなどして，事故防止について徹底すること。
　　イ　児童が個性を生かして活動することができるようにするため，学習活動や表現方法などに幅をもたせるようにすること。
　　ウ　「A表現」の指導に当たっては，活動の全過程を通して児童が実現したい思いを大切にしながら活動できるようにし，自分のよさや可能性を見いだし，楽しく豊かな生活を創造しようとする態度を養うようにすること。
　　エ　各活動において，互いのよさや個性などを認め尊重し合うようにすること。
　　オ　土，木，紙などの身近な材料に親しんで造形活動などをすることや，はさみ，のりなど身近で扱いやすい用具等の扱い方を理解して使えるよう指導すること。
　　カ　「A表現」及び「B鑑賞」の学習を通して学んだことが，生活や社会の中で生かせるよ

う指導することや,作品や用具等を大切に取り扱うことを指導すること。
 キ コンピュータ,カメラなどの情報機器を利用することは,表現や鑑賞の活動で使う用具の一つとして扱うとともに,必要性を十分に検討して利用すること。
 ク 材料については,地域の身近にある材料なども取り上げ,指導すること。
 ケ 作品を校内の適切な場所に展示するなどし,日常の学校生活においてそれらを鑑賞することができるよう配慮すること。また,学校や地域の実態に応じて,校外に児童の作品を展示する機会を設けるなどすること。

〔体 育〕
1 目 標
体育や保健の見方・考え方を働かせ,課題に気付き,その解決に向けた学習過程を通して,心と体を一体として捉え,生涯にわたって心身の健康を保持増進し,豊かなスポーツライフを実現するための資質・能力を次のとおり育成することを目指す。
 (1) 遊びや基本的な運動の行い方及び身近な生活における健康について知るとともに,基本的な動きや健康な生活に必要な事柄を身に付けるようにする。
 (2) 遊びや基本的な運動及び健康についての自分の課題に気付き,その解決に向けて自ら考え行動し,他者に伝える力を養う。
 (3) 遊びや基本的な運動に親しむことや健康の保持増進と体力の向上を目指し,楽しく明るい生活を営む態度を養う。
2 各段階の目標及び内容
○1段階
 (1) 目 標
  ア 教師と一緒に,楽しく体を動かすことができるようにするとともに,健康な生活に必要な事柄ができるようにする。
  イ 体を動かすことの楽しさや心地よさを表現できるようにするとともに,健康な生活を営むために必要な事柄について教師に伝えることができるようにする。
  ウ 簡単な合図や指示に従って,楽しく運動をしようとしたり,健康に必要な事柄をしようとしたりする態度を養う。
 (2) 内 容
  A 体つくり運動遊び
    体つくり運動遊びについて,次の事項を身に付けることができるよう指導する。
   ア 教師と一緒に,手足を動かしたり,歩いたりして楽しく体を動かすこと。
   イ 手足を動かしたり,歩いたりして体を動かすことの楽しさや心地よさを表現すること。
   ウ 簡単な合図や指示に従って,体つくり運動遊びをしようとすること。
  B 器械・器具を使っての遊び
    器械・器具を使っての遊びについて,次の事項を身に付けることができるよう指導する。
   ア 教師と一緒に,器械・器具を使って楽しく体を動かすこと。
   イ 器械・器具を使って体を動かすことの楽しさや心地よさを表現すること。

ウ　簡単な合図や指示に従って，器械・器具を使っての遊びをしようとすること。
　C　走・跳の運動遊び
　　　走・跳の運動遊びについて，次の事項を身に付けることができるよう指導する。
　　ア　教師と一緒に，走ったり，跳んだりして楽しく体を動かすこと。
　　イ　走ったり，跳んだりして体を動かすことの楽しさや心地よさを表現すること。
　　ウ　簡単な合図や指示に従って，走・跳の運動遊びをしようとすること。
　D　水遊び
　　　水遊びについて，次の事項を身に付けることができるよう指導する。
　　ア　教師と一緒に，水の特性を生かした簡単な水遊びを楽しくすること。
　　イ　水の中で体を動かすことの楽しさや心地よさを表現すること。
　　ウ　簡単な合図や指示に従って，水遊びをしようとすること。
　E　ボール遊び
　　　ボール遊びについて，次の事項を身に付けることができるよう指導する。
　　ア　教師と一緒に，ボールを使って楽しく体を動かすこと。
　　イ　ボールを使って体を動かすことの楽しさや心地よさを表現すること。
　　ウ　簡単な合図や指示に従って，ボール遊びをしようとすること。
　F　表現遊び
　　　表現遊びについて，次の事項を身に付けることができるよう指導する。
　　ア　教師と一緒に，音楽の流れている場所で楽しく体を動かすこと。
　　イ　音楽の流れている場所で体を動かすことの楽しさや心地よさを表現すること。
　　ウ　簡単な合図や指示に従って，表現遊びをしようとすること。
　G　保健
　　　健康な生活に必要な事柄について，次の事項を身に付けることができるよう指導する。
　　ア　教師と一緒に，うがいなどの健康な生活に必要な事柄をすること。
　　イ　健康な生活に必要な事柄に気付き，教師に伝えること。
○2段階
　(1)　目　標
　　ア　教師の支援を受けながら，楽しく基本的な運動ができるようにするとともに，健康な生活に必要な事柄ができるようにする。
　　イ　基本的な運動に慣れ，その楽しさや感じたことを表現できるようにするとともに，健康な生活に向け，感じたことを他者に伝える力を養う。
　　ウ　簡単なきまりを守り，友達とともに安全に楽しく運動をしようとしたり，健康に必要な事柄をしようとしたりする態度を養う。
　(2)　内　容
　A　体つくり運動
　　　体つくり運動について，次の事項を身に付けることができるよう指導する。
　　ア　教師の支援を受けながら，楽しく基本的な体つくり運動をすること。
　　イ　基本的な体つくり運動に慣れ，その楽しさや感じたことを表現すること。

ウ　簡単なきまりを守り，友達とともに安全に楽しく，基本的な体つくり運動をしようとすること。
　B　器械・器具を使っての運動
　　　器械・器具を使っての運動について，次の事項を身に付けることができるよう指導する。
　　ア　教師の支援を受けながら，楽しく器械・器具を使っての基本的な運動をすること。
　　イ　器械・器具を使っての基本的な運動に慣れ，その楽しさや感じたことを表現すること。
　　ウ　簡単なきまりを守り，友達とともに安全に楽しく，器械・器具を使っての基本的な運動をしようとすること。
　C　走・跳の運動
　　　走・跳の運動について，次の事項を身に付けることができるよう指導する。
　　ア　教師の支援を受けながら，楽しく走・跳の基本的な運動をすること。
　　イ　走・跳の基本的な運動に慣れ，その楽しさや感じたことを表現すること。
　　ウ　簡単なきまりを守り，友達とともに安全に楽しく，走・跳の基本的な運動をしようとすること。
　D　水の中での運動
　　　水の中での運動について，次の事項を身に付けることができるよう指導する。
　　ア　教師の支援を受けながら，楽しく水の中での基本的な運動をすること。
　　イ　水の中での基本的な運動に慣れ，その楽しさや感じたことを表現すること。
　　ウ　簡単なきまりを守り，友達とともに安全に楽しく，水の中での基本的な運動をしようとすること。
　E　ボールを使った運動やゲーム
　　　ボールを使った運動やゲームについて，次の事項を身に付けることができるよう指導する。
　　ア　教師の支援を受けながら，楽しくボールを使った基本的な運動やゲームをすること。
　　イ　ボールを使った基本的な運動やゲームに慣れ，その楽しさや感じたことを表現すること。
　　ウ　簡単なきまりを守り，友達とともに安全に楽しく，ボールを使った基本的な運動やゲームをしようとすること。
　F　表現運動
　　　表現運動について，次の事項を身に付けることができるよう指導する。
　　ア　教師の支援を受けながら，音楽に合わせて楽しく表現運動をすること。
　　イ　基本的な表現運動に慣れ，その楽しさや感じたことを表現すること。
　　ウ　簡単なきまりを守り，友達とともに安全に楽しく，基本的な表現運動をしようとすること。
　G　保健
　　　健康な生活に必要な事柄について，次の事項を身に付けることができるよう指導する。
　　ア　教師の支援を受けながら，健康な生活に必要な事柄をすること。
　　イ　健康な生活に必要な事柄に慣れ，感じたことを他者に伝えること。
○3段階
　(1)　目　標

ア　基本的な運動の楽しさを感じ，その行い方を知り，基本的な動きを身に付けるとともに，健康や身体の変化について知り，健康な生活ができるようにする。
　イ　基本的な運動の楽しみ方や健康な生活の仕方について工夫するとともに，考えたことや気付いたことなどを他者に伝える力を養う。
　ウ　きまりを守り，自分から友達と仲よく楽しく運動をしたり，場の安全に気を付けたりしようとするとともに，自分から健康に必要な事柄をしようとする態度を養う。
(2) 内　容
　A　体つくり運動
　　体つくり運動について，次の事項を身に付けることができるよう指導する。
　ア　基本的な体つくり運動の楽しさを感じ，その行い方を知り，基本的な動きを身に付けること。
　イ　基本的な体つくり運動の楽しみ方を工夫するとともに，考えたことや気付いたことなどを他者に伝えること。
　ウ　きまりを守り，自分から友達と仲よく楽しく基本的な体つくり運動をしたり，場や用具の安全に気を付けたりしようとすること。
　B　器械・器具を使っての運動
　　器械・器具を使っての運動について，次の事項を身に付けることができるよう指導する。
　ア　器械・器具を使っての基本的な運動の楽しさを感じ，その行い方を知り，基本的な動きを身に付けること。
　イ　器械・器具を使っての基本的な運動の行い方を工夫するとともに，考えたことや気付いたことなどを他者に伝えること。
　ウ　きまりを守り，自分から友達と仲よく楽しく器械・器具を使っての基本的な運動をしたり，場や器械・器具の安全に気を付けたりしようとすること。
　C　走・跳の運動
　　走・跳の運動について，次の事項を身に付けることができるよう指導する。
　ア　走・跳の基本的な運動の楽しさを感じ，その行い方を知り，基本的な動きを身に付けること。
　イ　走・跳の基本的な運動の楽しみ方を工夫するとともに，考えたことや気付いたことなどを他者に伝えること。
　ウ　きまりを守り，自分から友達と仲よく楽しく走・跳の基本的な運動をしたり，場や用具の安全に気を付けたりしようとすること。
　D　水の中での運動
　　水の中での運動について，次の事項を身に付けることができるよう指導する。
　ア　水の中での基本的な運動の楽しさを感じ，その行い方を知り，基本的な動きを身に付けること。
　イ　水の中での基本的な運動の楽しみ方を工夫するとともに，考えたことや気付いたことなどを他者に伝えること。
　ウ　きまりを守り，自分から友達と仲よく楽しく水の中での基本的な運動をしたり，場や用

　　　　具の安全に気を付けたりしようとすること。
　　Ｅ　ボールを使った運動やゲーム
　　　　ボールを使った運動やゲームについて，次の事項を身に付けることができるよう指導する。
　　　ア　ボールを使った基本的な運動やゲームの楽しさを感じ，その行い方を知り，基本的な動きを身に付けること。
　　　イ　ボールを使った基本的な運動やゲームの楽しみ方を工夫するとともに，考えたことや気付いたことなどを他者に伝えること。
　　　ウ　きまりを守り，自分から友達と仲よく楽しくボールを使った基本的な運動やゲームをしたり，場や用具の安全に気を付けたりしようとすること。
　　Ｆ　表現運動
　　　　表現運動について，次の事項を身に付けることができるよう指導する。
　　　ア　基本的な表現運動の楽しさを感じ，その行い方を知り，基本的な動きを身に付け，表現したり踊ったりすること。
　　　イ　基本的な表現運動の楽しみ方を工夫するとともに，考えたことや気付いたことなどを他者に伝えること。
　　　ウ　きまりを守り，自分から友達と仲よく楽しく表現運動をしたり，場や用具の安全に気を付けたりしようとすること。
　　Ｇ　保健
　　　　健康な生活に必要な事柄について，次の事項を身に付けることができるよう指導する。
　　　ア　健康や身体の変化について知り，健康な生活に必要な事柄に関する基本的な知識や技能を身に付けること。
　　　イ　健康な生活に必要な事柄について工夫するとともに，考えたことや気付いたことなどを他者に伝えること。
３　指導計画の作成と内容の取扱い
　(1)　指導計画の作成に当たっては，次の事項に配慮するものとする。
　　　ア　各段階の内容のまとまりを見通して，その中で育む資質・能力の育成に向けて，児童の主体的・対話的で深い学びの実現を図るようにすること。その際，体育や保健の見方・考え方を働かせ，遊びや運動，健康についての自己の課題に気付き，個々の児童の障害の状態等に応じて，その解決のための方法を選んだり工夫したりするような活動の充実を図ること。また，運動の楽しさや喜びを味わったり，健康の大切さを実感したりすることができるよう，留意すること。
　　　イ　「Ａ体つくり運動遊び」又は「Ａ体つくり運動」及び「Ｇ保健」については，６学年間にわたって取り扱うこと。
　　　ウ　「Ｇ保健」については，生活科の２の各段階に示す内容のアの「基本的生活習慣」やイの「安全」などとの関連を積極的に図り，指導の効果を高めるようにすること。
　(2)　２の各段階の内容の取扱いについては，次の事項に配慮するものとする。
　　　ア　学校や地域の実態を考慮するとともに，個々の児童の障害の状態等，遊びや運動の経験及び技能の程度などに応じた指導や児童自らが遊びや運動の課題の解決を目指す活動を行

　　　　えるよう工夫すること。
　　イ　運動を苦手と感じている児童や，運動に意欲的に取り組まない児童への指導を工夫すること。
　　ウ　「A体つくり運動遊び」及び「A体つくり運動」から「F表現遊び」及び「F表現運動」までと「G保健」との関連を図る指導を工夫すること。
　　エ　自然との関わりの深い雪遊び，氷上遊び，スキー，スケート，水辺活動などの指導については，児童の障害の状態等，学校や地域の実態等に応じて積極的に行うことに留意すること。
　　オ　オリンピック・パラリンピックなどとも関連させ，遊びや運動を「すること」，「知ること」，「見ること」，「応援すること」などにつながるようにすること。

第２　指導計画の作成と各教科全体にわたる内容の取扱い
１　指導計画の作成に当たっては，個々の児童の知的障害の状態，生活年齢，学習状況や経験等を考慮しながら，第１の各教科の目標及び内容を基に，６年間を見通して，全体的な指導計画に基づき具体的な指導目標や指導内容を設定するものとする。
２　個々の児童の実態に即して，教科別の指導を行うほか，必要に応じて各教科，道徳科，外国語活動，特別活動及び自立活動を合わせて指導を行うなど，効果的な指導方法を工夫するものとする。その際，各教科等において育成を目指す資質・能力を明らかにし，各教科等の内容間の関連を十分に図るよう配慮するものとする。
３　個々の児童の実態に即して，生活に結び付いた効果的な指導を行うとともに，児童が見通しをもって，意欲をもち主体的に学習活動に取り組むことができるよう指導計画全体を通して配慮するものとする。
４　第１章総則の第２節の２の(2)に示す道徳教育の目標に基づき，道徳科などとの関連を考慮しながら，第３章特別の教科道徳に示す内容について，各教科の特質に応じて適切な指導をするものとする。
５　児童の実態に即して学習環境を整えるなど，安全に留意するものとする。
６　児童の実態に即して自立や社会参加に向けて経験が必要な事項を整理した上で，指導するよう配慮するものとする。
７　学校と家庭等とが連携を図り，児童の学習過程について，相互に共有するとともに，児童が学習の成果を現在や将来の生活に生かすことができるよう配慮するものとする。
８　児童の知的障害の状態や学習状況，経験等に応じて，教材・教具や補助用具などを工夫するとともに，コンピュータや情報通信ネットワークを有効に活用し，指導の効果を高めるようにするものとする。

付録3　特別支援学校小学部・中学部学習指導要領　第7章　自立活動

第1　目　標
　個々の児童又は生徒が自立を目指し，障害による学習上又は生活上の困難を主体的に改善・克服するために必要な知識，技能，態度及び習慣を養い，もって心身の調和的発達の基盤を培う。

第2　内　容
　1　健康の保持
　　(1)　生活のリズムや生活習慣の形成に関すること。
　　(2)　病気の状態の理解と生活管理に関すること。
　　(3)　身体各部の状態の理解と養護に関すること。
　　(4)　障害の特性の理解と生活環境の調整に関すること。
　　(5)　健康状態の維持・改善に関すること。
　2　心理的な安定
　　(1)　情緒の安定に関すること。
　　(2)　状況の理解と変化への対応に関すること。
　　(3)　障害による学習上又は生活上の困難を改善・克服する意欲に関すること。
　3　人間関係の形成
　　(1)　他者とのかかわりの基礎に関すること。
　　(2)　他者の意図や感情の理解に関すること。
　　(3)　自己の理解と行動の調整に関すること。
　　(4)　集団への参加の基礎に関すること。
　4　環境の把握
　　(1)　保有する感覚の活用に関すること。
　　(2)　感覚や認知の特性についての理解と対応に関すること。
　　(3)　感覚の補助及び代行手段の活用に関すること。
　　(4)　感覚を総合的に活用した周囲の状況についての把握と状況に応じた行動に関すること。
　　(5)　認知や行動の手掛かりとなる概念の形成に関すること。
　5　身体の動き
　　(1)　姿勢と運動・動作の基本的技能に関すること。
　　(2)　姿勢保持と運動・動作の補助的手段の活用に関すること。
　　(3)　日常生活に必要な基本動作に関すること。
　　(4)　身体の移動能力に関すること。
　　(5)　作業に必要な動作と円滑な遂行に関すること。
　6　コミュニケーション
　　(1)　コミュニケーションの基礎的能力に関すること。
　　(2)　言語の受容と表出に関すること。
　　(3)　言語の形成と活用に関すること。
　　(4)　コミュニケーション手段の選択と活用に関すること。
　　(5)　状況に応じたコミュニケーションに関すること。

第3 個別の指導計画の作成と内容の取扱い
 1 自立活動の指導に当たっては，個々の児童又は生徒の障害の状態や特性及び心身の発達の段階等の的確な把握に基づき，指導すべき課題を明確にすることによって，指導目標及び指導内容を設定し，個別の指導計画を作成するものとする。その際，第2に示す内容の中からそれぞれに必要とする項目を選定し，それらを相互に関連付け，具体的に指導内容を設定するものとする。
 2 個別の指導計画の作成に当たっては，次の事項に配慮するものとする。
  (1) 個々の児童又は生徒について，障害の状態，発達や経験の程度，興味・関心，生活や学習環境などの実態を的確に把握すること。
  (2) 児童又は生徒の実態把握に基づいて得られた指導すべき課題相互の関連を検討すること。その際，これまでの学習状況や将来の可能性を見通しながら，長期的及び短期的な観点から指導目標を設定し，それらを達成するために必要な指導内容を段階的に取り上げること。
  (3) 具体的な指導内容を設定する際には，以下の点を考慮すること。
   ア 児童又は生徒が，興味をもって主体的に取り組み，成就感を味わうとともに自己を肯定的に捉えることができるような指導内容を取り上げること。
   イ 児童又は生徒が，障害による学習上又は生活上の困難を改善・克服しようとする意欲を高めることができるような指導内容を重点的に取り上げること。
   ウ 個々の児童又は生徒が，発達の遅れている側面を補うために，発達の進んでいる側面を更に伸ばすような指導内容を取り上げること。
   エ 個々の児童又は生徒が，活動しやすいように自ら環境を整えたり，必要に応じて周囲の人に支援を求めたりすることができるような指導内容を計画的に取り上げること。
   オ 個々の児童又は生徒に対し，自己選択・自己決定する機会を設けることによって，思考・判断・表現する力を高めることができるような指導内容を取り上げること。
   カ 個々の児童又は生徒が，自立活動における学習の意味を将来の自立や社会参加に必要な資質・能力との関係において理解し，取り組めるような指導内容を取り上げること。
  (4) 児童又は生徒の学習状況や結果を適切に評価し，個別の指導計画や具体的な指導の改善に生かすよう努めること。
  (5) 各教科，道徳科，外国語活動，総合的な学習の時間及び特別活動の指導と密接な関連を保つようにし，計画的，組織的に指導が行われるようにするものとする。
 3 個々の児童又は生徒の実態に応じた具体的な指導方法を創意工夫し，意欲的な活動を促すようにするものとする。
 4 重複障害者のうち自立活動を主として指導を行うものについては，全人的な発達を促すために必要な基本的な指導内容を，個々の児童又は生徒の実態に応じて設定し，系統的な指導が展開できるようにするものとする。その際，個々の児童又は生徒の人間として調和のとれた育成を目指すように努めるものとする。
 5 自立活動の指導は，専門的な知識や技能を有する教師を中心として，全教師の協力の下に効果的に行われるようにするものとする。
 6 児童又は生徒の障害の状態等により，必要に応じて，専門の医師及びその他の専門家の指

導・助言を求めるなどして，適切な指導ができるようにするものとする。
7　自立活動の指導の成果が進学先等でも生かされるように，個別の教育支援計画等を活用して関係機関等との連携を図るものとする。

【執筆者紹介】（執筆順）

宮﨑　英憲	東洋大学名誉教授
喜多　好一	東京都江東区立豊洲北小学校校長
山中ともえ	東京都調布市立飛田給小学校校長
大崎　博史	独立行政法人国立特別支援教育総合研究所総括研究員
横倉　久	東京都立大塚ろう学校校長
樋口　一宗	東北福祉大学教授
村上　直也	岡山県教育庁特別支援教育課指導班指導主事
樋口普美子	和光市教育委員会学校教育課課長補佐兼指導主事
髙橋　玲	群馬県教育委員会特別支援教育課補佐
山本久美子	山梨県立大学非常勤講師
三上　宗佑	東京都立城東特別支援学校
増田　知洋	東京都立江東特別支援学校
日下奈緒美	千葉県立松戸特別支援学校教頭
海老原紀奈子	東京都葛飾区立総合教育センター
大谷　珠美	神奈川県横浜市立六浦小学校校長
小島　徹	東京都八王子市立高倉小学校校長
岡田　克己	神奈川県横浜市立仏向小学校
田中　容子	東京都三鷹市教育委員会教育支援担当課長
小林　松司	埼玉県桶川市立桶川小学校校長
田野　信哉	埼玉県新座市立大和田小学校校長

【監修者紹介】
宮﨑 英憲（みやざき ひでのり）
東洋大学名誉教授

【編著者紹介】
山中 ともえ（やまなか ともえ）
東京都調布市立飛田給小学校校長

［本文イラスト］みやび なぎさ

平成29年版
小学校新学習指導要領の展開
特別支援教育編

2018年5月初版第1刷刊 ©監修者	宮　﨑　英　憲	
	編著者	山　中　と　も　え
	発行者	藤　原　光　政
	発行所	明治図書出版株式会社

http://www.meijitosho.co.jp
（企画）佐藤智恵（校正）川﨑満里菜
〒114-0023　東京都北区滝野川7-46-1
振替00160-5-151318　電話03(5907)6703
ご注文窓口　電話03(5907)6668

＊検印省略　　　組版所　中　央　美　版

本書の無断コピーは，著作権・出版権にふれます。ご注意ください。

Printed in Japan　　ISBN978-4-18-329113-4
もれなくクーポンがもらえる！読者アンケートはこちらから →

平成29年版 学習指導要領改訂のポイント

大改訂の学習指導要領を最速で徹底解説！

B5判

『国語教育』PLUS
小学校・中学校
国語
提言 吉田裕久／冨山哲也
● 1800円＋税
● 図書番号：2717

『社会科教育』PLUS
小学校・中学校
社会
提言 澤井陽介
● 1860円＋税
● 図書番号：2716

『授業力＆学級経営力』PLUS
小学校
算数
提言 笠井健一
● 1900円＋税
● 図書番号：2713

『数学教育』PLUS
中学校
数学
提言 水谷尚人
● 1800円＋税
● 図書番号：2712

『楽しい体育の授業』PLUS
小学校・中学校
体育／保健体育
提言 白旗和也
● 1860円＋税
● 図書番号：2715

『道徳教育』PLUS
小学校・中学校
特別の教科 道徳
提言 永田繁雄
● 1860円＋税
● 図書番号：2720

『LD，ADHD＆ASD』PLUS
通常の学級の
特別支援教育
提言 田中裕一
● 1960円＋税
● 図書番号：2714

『特別支援教育の実践情報』PLUS
特別支援学校
提言 天笠 茂／安藤壽子
● 2460円＋税
● 図書番号：2707

明治図書　携帯・スマートフォンからは **明治図書ONLINE へ**　書籍の検索、注文ができます。▶▶▶

http://www.meijitosho.co.jp　＊併記4桁の図書番号（英数字）でHP、携帯での検索・注文が簡単に行えます。

〒114-0023　東京都北区滝野川7-46-1　ご注文窓口　TEL 03-5907-6668　FAX 050-3156-2790

大好評発売中！

3時間で学べる 平成29年版 小学校 新学習指導要領 Q&A

新しい学習指導要領を研究する会 編著

とにかくやさしく新学習指導要領を解説しました

- A5判
- 136頁
- 本体 1,760円+税
- 図書番号 1198

目次

Chapter 1
誰でも「改訂の全容」が分かる
新学習指導要領Q&A

そもそも学習指導要領の改訂って何？／今回の学習指導要領における一番の改訂点はどこ？／学習指導要領が変わると授業はどう変わるの？／新しい学習指導要領は，どんな子供の姿を目指しているの？／ほか

Chapter 2
いますぐ「各教科の改訂ポイント」が
分かる新学習指導要領Q&A

国語の改訂の一番のポイントは？／ほか

☑「主体的・対話的で深い学び」の実現って何？
☑ 道徳が教科化されるとどうなるの？
…にすべて答える

とにかくやさしい **最初の一冊**

明治図書

初めて学習指導要領の改訂を経験する先生でも、3時間ですべてのポイントがわかる！「主体的・対話的で深い学び」「カリキュラム・マネジメント」など、話題の文言の解説から、各教科の一番の改訂点、具体的に現場はどう変わるのかまで、Q&A形式ですべて解決します！

 明治図書　携帯・スマートフォンからは **明治図書ONLINEへ** 書籍の検索、注文ができます。▶▶▶

http://www.meijitosho.co.jp ＊併記4桁の図書番号（英数字）でHP、携帯での検索・注文が簡単に行えます。
〒114-0023　東京都北区滝野川7-46-1　ご注文窓口　TEL 03-5907-6668　FAX 050-3156-2790

小学校 新学習指導要領の展開シリーズ

平成29年版

A5判
160～208ページ
各1,800円+税
※特別の教科道徳編のみ 1,900円+税

ラインナップ

総則編	無藤　隆 編著	【3277】
国語編	水戸部修治・吉田裕久 編著	【3278】
社会編	北　俊夫・加藤寿朗 編著	【3279】
算数編	齊藤一弥 編著	【3280】
理科編	塚田昭一・八嶋真理子・田村正弘 編著	【3281】
生活編	田村　学 編著	【3282】
音楽編	宮﨑新悟・志民一成 編著	【3283】
図画工作編	阿部宏行・三根和浪 編著	【3284】
家庭編	長澤由喜子 編著	【3285】
体育編	白旗和也 編著	【3286】
外国語編	吉田研作 編著	【3287】
特別の教科道徳編	永田繁雄 編著	【2711】
外国語活動編	吉田研作 編著	【3288】
総合的な学習編	田村　学 編著	【3289】
特別活動編	杉田　洋 編著	【3290】
特別支援教育編	宮﨑英憲 監修　山中ともえ 編著	【3291】

大改訂のどこもかしこも**学習指導要領を広く, 深く徹底解説**

資質・能力に基づき改編された内容の解説から新しい授業プランまで

明治図書　携帯・スマートフォンからは **明治図書ONLINE へ**　書籍の検索、注文ができます。

http://www.meijitosho.co.jp　＊併記4桁の図書番号でHP、携帯での検索・注文が簡単にできます。
〒114-0023　東京都北区滝野川7-46-1　ご注文窓口　TEL 03-5907-6668　FAX 050-3156-2790